櫻桃小丸子最終研究

ちびまるこちゃん

品川小丸子研究會◎編著
林宜錚◎翻譯

目次 ✿ 櫻桃小丸子最終研究

第1章 這就是櫻桃小丸子

第2章 小丸子的生活核心就是「吃」

第4章 三代同堂的櫻家

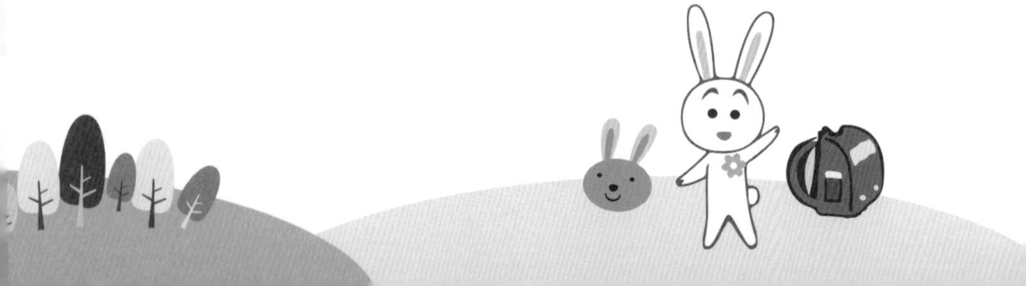

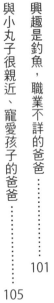

第5章 櫻家的家居生活

第8章 小丸子的倒楣事蹟

第9章　《櫻桃小丸子》的九大不可思議事件

※本書參考資料為集英社RIBON MASCOT COMICS系列《櫻桃小丸子》第①至⑩集，與1991年改編電影原作．集英社HOME COMICS《櫻桃小丸子——大野與杉山》。

※內文下方的「①4」即為出自漫畫版第①集第4頁，其它以此類推，(映)即為出自HOME COMICS。

第1章

這就是
櫻桃小丸子

ちびまるこちゃん

☆ 嚕嚕嚕～可愛的小丸子悠哉登場

昭和六十一年（1986），在能夠輕鬆、方便拍照的「即可拍」拋棄式相機發售的夏天，櫻桃小丸子也於《RIBON》八月號悠哉登場。

話雖如此，但兩者之間毫無任何關係。令人感到遺憾的是，「即可拍」初登場時所帶來的新鮮感更甚於櫻桃小丸子。

不過，歷經四、五年後，櫻桃小丸子也掀起一陣「平凡少女的社會學」、「櫻桃小丸子旋風」等軒然大波而躍升為當紅炸子雞。當時還推出《櫻桃小丸子大研究》諸如此類的書，可見知名度非同凡響。

即使知名度水漲船高，引起世人一陣嘩然的九歲的小丸子，一點都不在意世間的紛紛擾擾，逕自在靜岡縣清水市，過著自在愉快——偶爾也會有悲傷——的日子。

小丸子是她的綽號，本名為櫻桃子。就讀國小三年級，因為個子嬌小被稱為「小丸」，再加上是女孩子而被加上「子」字，後來大家便以

「小丸子」或「小丸」稱呼她。

小丸子會如此悠哉地登場也無可厚非。因為隨著連載開始，小丸子也迎接了暑假的到來。在老師「請各位同學注意安全，愉快地迎接暑假來臨」的叮嚀聲中，與同學們一起歡呼「哇~放暑假了！」的小丸子，欣喜至極的模樣，映入我們的眼簾，讀者與小丸子之間的交流也從此拉開序幕。

炎熱的夏季在小丸子的陪伴下一眨眼就過去了，好不容易撐過寒冷的冬天，當春天的腳步來臨時，讀者才得知小丸子並沒有升上四年級，同時也對於小丸子在接下來的日子裡，也一直停滯於國小三年級的狀態而感到訝異。

根據作者櫻桃子所說，「因為三年級很可愛，所以我不打算讓小丸子升級」。雖然作者沒有說明覺得三年級很可愛的理由，不過不讓角色升級的作法，則補充說明是「參考了《海螺小姐》」。

小丸子偶爾也會碎念「好歹也學一下海螺小姐家的櫥櫃都擺些什麼東西嘛」，這是在嫌棄自己家裡的櫥櫃總擺些搬不上檯面的東西。另

① 4

⑦ 116

外，針對因為零用錢不夠，送給父母的聖誕禮物是「捶肩膀券」與「幫忙家事券」的情節，故事中也有說明「這個點子是以前《海螺小姐》裡的磯野鰹也做過的傳統手法」。令人連想到，櫻桃子與櫻桃小丸子都相⑤30當在意海螺小姐呢。不過，這個在意不同於喜歡，這一點想必不需要多做說明。當小丸子說如果明天就會死亡的話，最想要在死前把整套《哆⑧49啦A夢》看完，可想而知小丸子喜歡的漫畫是《哆啦A夢》更勝《海螺小姐》。雖然不至於對《海螺小姐》產生敵對意識，但確實可以說是相當在意。在《櫻桃小丸子大研究》一書中，也會拿磯野家與櫻家進行比較，不過該研究會也直截了當地表示，櫻桃小丸子比起海螺小姐或裙帶菜妹妹要更親切、可愛。

雖然海螺小姐粗心大意的個性，與裙帶菜妹妹愛裝成熟的模樣也很可愛，但磯野家與讀者之間存在著無形的高牆。讀者能夠以客觀的視角眺望磯野家的客廳情景，卻不得其門而入。

但是櫻桃小丸子與讀者之間卻毫無距離。讀者能夠感同身受地與小丸子相視而笑、共同分擔怒氣，偶爾還會認真起來與小丸子爭辯一番，

說到激動處甚至會忍不住想伸手捏小丸子的臉頰。

能夠這般地感同身受與共同分擔、讓人忍不住認真起來的種種反應，是小丸子受歡迎極為重要的元素。

如果以較嚴謹的說法來說，這就是所謂的認同感、產生共鳴，但品川小丸子研究會並非學者，只是一群《櫻桃小丸子》的粉絲，因此書中不會使用這類的字彙。純粹只是想與小丸子的粉絲，一起來探究小丸子的可愛及溫暖的魅力所在。

本書是根據《櫻桃小丸子》第1集至第10集，與電影原作《櫻桃小丸子——大野與杉山》撰寫而成。為了與在本傳中活力充沛、有活躍表現的櫻桃小丸子產生交流，另外的〈漫畫附贈頁〉或〈溫馨小劇場〉等的番外篇則只作為參考。

雖然作者表示《櫻桃小丸子》為隨筆漫畫，但在不知道作者原意由來或想表達的想法之下，反而更能體會小丸子本身所具備的強大魅力。

我們研究會希望能夠事先讓讀者們瞭解上述的基本原則，再來一起探究《櫻桃小丸子》的魅力與神祕謎團。

☆ 實物是熊熊布偶

能夠與讀者一起哭一起歡笑的小丸子，正如她的綽號般，個子的確相當嬌小。作者曾經在第6集的作品解說中提到「總覺得最近的小丸子，似乎變得比剛開始連載的時候更加嬌小了」，而在第9集的第67頁、73頁中，小丸子大約只到姊姊身高的一半而已。小丸子的身高到底是幾公分呢？從第1集至第10集為止，並沒有任何記載。雖然曾經有過媽媽一邊看著學校的健康檢查報告一邊說「體重完全沒有增加」，並責備小丸子營養午餐的麵包沒吃完的場景，但完全沒有提到身高的話題。

雖然不知道身高多高，但小丸子的血型與生日則有相當明確的記載。第4集的扉頁上寫著A型，而該集的開頭正是描繪到舉辦小丸子生日派對的情節。

不過，這一集中只知道「小丸子是五月出生的」，並不清楚確切的日期。想必忠實的粉絲們早就發現在第2集裡，小丸子曾經撒嬌地說：

⑨
23

「爸爸～我5月8日生日，買沐浴組給我嘛～」由此可知小丸子是5月8日出生的金牛座。

小丸子的寶物，是一隻熊熊布偶。我們是在第6集扉頁的登場人物介紹中得知。但在故事中並沒有出現櫻桃小丸子親密擁抱布偶，或是與熊熊布偶一起睡覺的場景。

不過小丸子總是將房間弄得亂七八糟、經常被媽媽責罵「快把房間收拾乾淨」，在那散亂的眾多物品之中，一定會有熊熊布偶的身影。

舉例來說，在第2集第12頁，姊姊的班級導師來進行家庭訪問的場景中，以及第4集第109頁，小丸子尋找媽媽重要戒指的場景，都有熊熊布偶的身影。

第9集第66頁，由於房間實在亂到慘不忍睹，而被姊姊大罵「現在馬上給我收拾乾淨」的畫面，熊熊布偶也在其中。

話說回來，第4集第109頁左側的格子裡，畫的明明是熊熊布偶，但我們卻發現在前一格（右側格子）裡的竟然是兔子布偶？

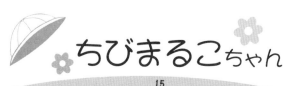

這並不是兔子布偶變身成了熊熊布偶喔！

兔子布偶是小丸子生日時，好朋友小玉送給她的生日禮物。④14 重要程度不輸給熊熊布偶，對小丸子而言也是相當重要的寶物。另外一個朋友，由美子送的禮物應該是包包。所以在亂七八糟的小丸子房間場景中，兔子布偶出現的次數僅次於熊熊布偶，由此可知，它們總是陪伴在小丸子身邊。

小丸子的便當袋上有媽媽親手縫製的熊熊圖案刺繡，游泳袋上也有⑨32動物的圖案。⑥26櫻桃小丸子應該是個喜歡動物的女孩。

☆睡懶覺的天才——訣竅在於「忍耐」

據說「愛睡覺的小孩才會長高」，但小丸子經常睡懶覺卻還是這麼嬌小。從學校回家之後，如果閒來無事就會懶洋洋地在地上打滾，所以常常挨媽媽的罵。

③84 ⑦162

每天早上，媽媽還得以高分貝喊她起床。只有在過年期間媽媽不會用怒吼聲叫她起床，但是對於喊了好幾次都死賴著不起床的小丸子，媽媽還是會忍不住在一旁碎念：「好歹過年期間別惹我生氣，自動自發起床吧！」

③44

過年期間學校放假所以無傷大雅，不過平常的早晨簡直就是一場大災難。每天早上，媽媽與小丸子就會展開殊死鬥。每當媽媽的臉已經臭到彷彿厲鬼般，掀開小丸子的棉被，氣到大罵「隨便妳！我不管妳要遲到了」的話，小丸子就會在半夢半醒之間心想「賺到了」。就算被打屁股，她也只會想成「如果能夠用屁股的疼痛來換取多睡一下，被打也甘願」，完全沒有起床的打算。

即使媽媽用蠻力硬拉起來，她也能夠一邊換衣服一邊站著睡覺。這已可稱之為了不起的特技了。②76

正因為這樣，小丸子是班上的遲到大王，為了想遲到的藉口也得耗費一番苦心，曾經藉口想說是「因為低血壓的關係」，卻不小心說成低氣壓。雖然小丸子講出這番話後說自己「現在總算是清醒了」，不過或許她仍舊在半夢半醒之間也不一定。

只因為想遲到的藉口需要絞盡腦汁，小丸子就冒出了大人真好、有生理期真好的想法。畢竟只要說一句「生理痛……」一切就解決了。特 ②77
別是班級導師是男性的時候，這麼說的話絕對不會遭到追究。

然而，小學三年級的小丸子還沒有生理期。對於媽媽看到她的筆友，田邊和江的照片後說「看起來很成熟呢」的這句話，小丸子卻在一 ⑦5
旁語氣略帶欣羨地說「她的生理期已經來了吧」。

早上總是愛賴床的小丸子，曾經打算早起，並且花光了所有的零用 ②78
錢買鬧鐘。結果卻以「這件事就別再問了吧，媽媽～」收場。由於剛買

鬧鐘的關係，所以小丸子在隔天早上五點半就起床，還是第一個到校。不過第二天的早晨她按掉了響個不停的鬧鐘，又睡過頭遲到了。從第三天開始，便恢復成以往賴床的小丸子了。

有一次愛賴床的小丸子也曾經非常罕見地早早起床。但追根究柢之後才發現，是學校上游泳課的那一天，覺得「累死了」的小丸子回到家後立刻跑去睡午覺。晚餐時間媽媽不管怎麼叫都叫不醒，結果她就一覺從下午睡到隔天的早上。[⑥41]

即便是沒有游泳的日子，小丸子也喜歡睡懶覺。舉例來說，冬天時，她會窩在暖爐桌裡打瞌睡。根據小丸子的說法是，睡懶覺的滋味簡[①80]直快樂似神仙，甚至秀了一手如何窩在暖爐桌下睡覺的好本領。

話是這麼說，其實也沒有什麼大不了的，只是避免下半身位於暖爐桌的發熱器正下方，躺在稍微向左或向右偏移的地方而已。

跟早上起床時一樣，即使被叫醒也不願放棄睡懶覺，就算被拉到暖爐桌外也要拚命不想醒來。睡懶覺的第一要訣就是耐力。只要拚命忍[①82]耐、潛心等待，就會有人拿毛毯幫你蓋住沒蓋到暖爐桌棉被而覺得寒冷

ちびまるこちゃん

的肩膀，更幸運的話，爸爸還會直接把小丸子抱到被窩裡。雖然機率不高，但小丸子就是賭上那數十分之一的機率，堅忍不拔地睡到底！

從這個暖爐桌被移動到房間被窩裡，可以說是世界上最幸福的事情。所以小丸子將其命名為「從暖爐桌到被窩的天堂之旅」。所謂真正的幸福，從漫長的人生看來確實不過是短短一瞬間的光陰，稍縱即逝！

☆覺得很恐怖卻還是忍不住想看，都是A型惹的禍？

A型似乎會對神祕的事物相當感興趣。或許是因為小丸子是A型的關係，明明很膽小卻又非常喜歡恐怖的事物。

暑假時，小丸子纏著媽媽帶她去百貨公司的鬼屋。

「很好玩喔，聽說非常恐怖，讓人好期待喔。」

小丸子就像她所說的這番話般，帶著一臉雀躍的表情向媽媽撒嬌，但媽媽也許討厭這種恐怖類型的事物吧，只見媽媽非常冷淡地回應：「算了吧。如果有這種美國時間的話，妳就給我乖乖去寫作業！」

幸運的是，原來爸爸也很想去鬼屋玩。畢竟都已經是大人了，實在很難開口說出「我喜歡鬼屋，好想去喔……」這種話，所以看到小丸子拜託媽媽「帶我去嘛～」的情景，便趁機順勢答應了。

於是，小丸子一邊興奮地大喊「我最喜歡爸爸了～」一邊興沖沖地來到南急百貨公司的三樓，想不到進場之後便是一陣陣的驚聲尖叫。

④64

「呀啊啊啊……」「好恐怖！救命呀！」小丸子最後在嚎啕大哭的狀態下，被妖怪抱著從緊急出口離開。

話雖如此，小丸子卻沒有記取這次的慘痛教訓，隔天又沉迷於電視綜藝節目播出的妖怪特輯中。將自己從頭到腳用毯子緊緊包住，一邊看電視一邊狂冒著不曉得是冷汗還是熱到流汗的汗水。

最大的問題是，這一天爸爸與媽媽去靜岡的外公外婆家，而同住一個屋簷下的爺爺奶奶也因為老人互助會的活動出門旅行，所以只剩下小丸子與姊姊兩個人看家。

看完綜藝節目後，天都還沒黑，小丸子卻已經嚇得一直纏著姊姊不放。晚上又處在因為打雷停電而陷入一片黑暗的屋子裡，小丸子的眼前不停閃過白天看過的綜藝節目畫面，嚇到動彈不得。因為太害怕也不敢去洗澡，進到被窩一閉上眼睛，妖怪們就會浮現又消失，消失又浮現，小丸子就這樣一整個晚上都沒闔上眼。

有趣的是，因為整晚睡眠不足而昏昏沉沉的小丸子，隔天收到媽媽帶回來的伴手禮，竟然是「日本恐怖事典」。這結局真是太精彩了。

④
71

不過，即使留下如此淒慘的回憶，A型的小丸子對神祕事件或超自然檔案的興趣，依舊絲毫不減。

小丸子家中的嵌入式壁櫥裡有個藤製衣箱，不管是問誰，家裡都沒有人知道這個藤製衣箱裡有什麼。其實只要打開看看就會知道了，卻沒有人主動開口說要打開箱子，使得小丸子更好奇裡面裝了什麼，而她的妄想也逐漸膨脹、擴大。

在學校跟大家聊起這個話題後，同班同學丸尾說，也許裡面放著代代相傳的傳家祕寶也不一定；花輪則說裡面也許躺著一具木乃伊。導致小丸子那一天晚上爬進被窩後，也滿腦子都是壁櫥裡的藤製衣箱，在意到睡不著覺。於是，她躡手躡腳地爬起床，打算一窺究竟，卻誤將在暖爐桌旁睡著的爸爸當成了木乃伊，一整晚都躲在棉被裡害怕地顫抖睡不著。雖然是「疑心生暗鬼」的天大誤會，但小丸子卻深信自己看到了木乃伊！

不能再這樣下去了！小丸子如此下定決心後，拜託爺爺幫忙，終於打開了藤製衣箱。

⑨
130

雖然小丸子一開始被裝有蝮蛇的酒瓶嚇到差一點腿軟，但也在箱內找到小時候的熊貓玩具。於是藤製衣箱的騷動終於落幕。

另外，小丸子雖然是就讀小學的年齡，卻詭異地非常喜歡種植盆栽。還會為了製作青苔盆栽，去墓地撿長滿苔蘚的石頭，聽到班上男同⑩104學談論起要舉辦試膽大會的話題，也會嚷嚷著「好像很有趣耶！」並報⑩109名參加。

小丸子真的很喜歡這類的事物啊！

☆在此向小丸子獻上另外一個綽號「噗子」

小丸子的班上有個同學被大家稱呼為「豬太郎[1]」。因為他總是會發出「噗——噗——噗——」的聲音，所以小丸子其實應該也叫做「噗太郎」，不，「噗子」才對。因為她老是愛放屁。

⑦ 93

洗完澡全身暖呼呼的小丸子，不想要進入冷冰冰的被窩，於是問已經先在被窩裡睡覺的姊姊能不能一起睡，結果遭到姊姊斬釘截鐵地回絕：「我才不要！」理由是，小丸子愛放屁。

映 91

這世界上沒有比被迫聞別人的屁味還更令人討厭的事，尤其是在被窩裡，簡直就是世界無敵大災難。但是小丸子的反應卻是「哼！只不過放個屁而已，有什麼關係嘛！」還認為拒絕她的姊姊冷血無情。不過我們實在讓人無法認同小丸子這個觀點，令人忍不住想轉而支持姊姊。

說到受小丸子的**屁害**最深的，想必就是爸爸了吧。

1　日文直譯為「噗太郎」。

母親節當天，小丸子因為送禮物引起的大騷動而嚎啕大哭，後來順利與媽媽和解感到安心後便在客廳睡著了。爸爸媽媽看到這樣的小丸子，覺得實在可愛得不得了，並打算將她抱到房間去。

媽媽只有叮嚀「爸爸，小心點喔」，負責抱小丸子到房間去的爸爸，卻突然遭到小丸子「噗——」地一聲的臭屁攻擊。⑥20

某知名馬桶的廣告文宣是「就算是喜歡的人也會有味道」，所以即使是自己可愛的孩子的屁，會臭就是會臭。令人不禁同情起爸爸啊。

A型人很容易害羞，就算是就讀幼稚園的小朋友，也會有人遲遲不敢去上洗手間。據說如果不告訴那個小朋友「A妹妹或B弟弟也去上洗手間了喔」，憋著的情況就會一直持續下去。A型人似乎是抱持著排泄是種丟臉的行為，非常不情願讓別人知道的想法，但是，小丸子卻不時就「噗」一下。跟姊姊吵架時也會將屁股對著姊姊，用力「噗」下去。④92

另外，還會一邊問爸爸「放屁的英文怎麼說？」一邊「噗」給他聽。⑨17 簡直可以稱小丸子為能夠任意操控屁的放屁天才！

☆在浴室裡進行《含淚的貞操[2]》演歌教室的小丸子

小丸子喜歡泡澡，尤其喜歡跟爸爸一起泡澡，還會說出：「泡澡令人身心舒暢呀～」「快樂似神仙！」諸如此類的老成感想。⑩60

基本上小丸子都是自己一個人洗澡的。

漫畫中出現過吃完晚餐後，媽媽就會喊「小丸子，飯吃完就快點去洗澡」的情景。⑨71 對此，小丸子會活力十足地回答「好～」並迅速地一邊哼著歌「♪鏘啦鏘鏘啦啦♪」一邊跑到浴室，準備洗澡。在學校時還會愉快地跟小玉說：「我跟爸爸約好今天要一起泡澡喔。」換句話說，對小丸子而言「跟爸爸一起」是日常生活中的小驚喜。「喂，小丸子，要泡澡嘍——」每當爸爸這麼喊，小丸子就會立刻回答：「來了——」

兩個人一起泡澡的樂趣，就是泡在浴缸中大聲唱歌。國小三年級的小丸子不只會跟爸爸一起大唱：「若是打開窗戶～即能望見海港～」

2　另譯《眼淚的節操》。

這首出自淡谷紀子的《離別的藍調》，還會義正辭嚴地糾正爸爸：

「不可以用這麼沙啞的聲音啦！必須要用假音來唱才行！」 ⑩61

因為小丸子喜歡演歌團體「殿下KINGS」的《含淚的貞操》，所以爺爺還特地買唱片回來給她。不過，面對這樣愛孫心切的爺爺，小丸子也會毫不客氣地抱怨說「才不是這樣！要一邊笑瞇瞇一邊唱歌才可以啦」。還會把掃把拿在手上當成吉他，親自示範給爺爺看，令爺爺眼眶泛淚感動到無以復加。 ⑩64

「喔～小丸子這麼會唱含淚的貞操啊？」事不宜遲，爸爸也立刻請小丸子教他唱《含淚的貞操》。於是，浴室頓時成為「小丸子的演歌教 ⑩65
室」。指導別人唱歌時的小丸子可是相當認真嚴厲的，與只穿著小褲褲在家裡到處亂晃的可愛模樣有著極大落差。而我們「品川小丸子研究會」就是穿著小褲褲在家亂晃的小丸子的粉絲。因為蟑螂出沒，只穿著一件小褲褲逃到客廳的模樣，還有替忘記刮鬍刀的爸爸拿刮鬍刀的模樣，都會令人忍不住笑開來呢。

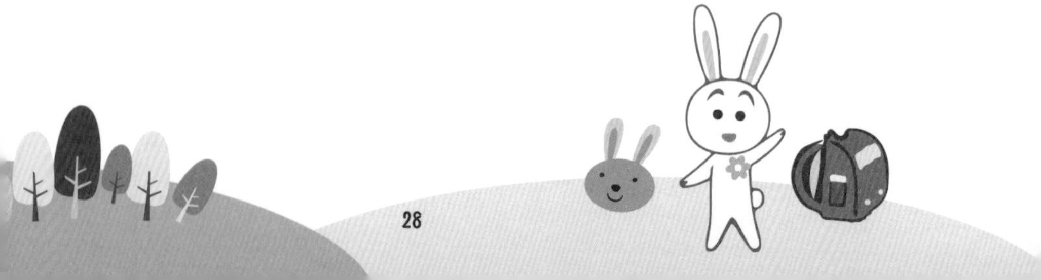

☆一起泡澡沒有問題，一起游泳卻會害羞的小丸子

當小丸子跟好朋友小玉聊起自己跟爸爸一起泡澡、痛快地唱歌的下場，就是泡澡泡到頭昏眼花的時候——

「都已經國小三年級了，妳還會跟爸爸一起泡澡啊？」

同班同學美環這麼說，打斷了兩人的對話。

因為小玉也經常跟爸爸一起泡澡，所以兩人都露出一副「這是理所當然的吧」的表情。美環卻露出一副瞧不起她們的態度，並說「妳們實在太沒有身為女人的自覺了」。

美環的名字很美，但令人遺憾的本人是個滿臉豆花的眼鏡妹，無論臉或是身體都圓滾滾的，看起來快要有小丸子或小玉的兩倍大。所以，也讓人忍不住懷疑，是美環的爸爸不太願意跟女兒一起泡澡吧。

然而，能夠若無其事地與爸爸一起泡澡、天真可愛的小丸子，卻覺得學校要上游泳課的日子「真討厭吶」！

⑩
62

由於必須在教室換泳裝的關係，讓人很在意男孩子的視線。雖然她在家裡會穿著一件小褲褲四處閒晃，不顧形象地捧腹大笑，但個性其實相當保守。她跟小玉還會互相討論「如果學校有更衣室就好了」。⑥26

最驚人的是「非常有身為女人的自覺」的美環，她帶了一條能夠從脖子蓋到腳踝的大圍巾，以只有露出一顆頭的「巨型晴天娃娃」狀態下換裝。

其中也有令人傷腦筋的同學。也許是聽到豬太郎被小丸子與小玉說「不准看這裡！」而受到刺激的關係，竟然有男同學大喊：「我一點都不覺得難為情喲～」還打算脫下自己的小褲褲。在周圍的男同學們一邊吶喊「脫啊～脫啊～」一邊煽風點火之下，那名男同學真的就脫光了，並大唱著：「小雞雞～搖啊搖啊～」

想必每個班級一定都會有這種容易得意忘形的同學吧。

小丸子與小玉則是一邊說著「真討厭」一邊以雙手遮住眼睛，但又從指縫間確確實實地將「小雞雞～」盡收眼底。⑥27

雖然小丸子的生理期還沒來，但不曉得該說她的確是健健康康地長

大，還是說她非常完美地具備了人類好色的本性呢……

不過，那位因為周遭同學煽動而全裸演出的男同學，會刻意做出這種讓女生反感的行為，其實絕大部分都是自卑心作祟的關係。也許這樣的人在心裡的某個角落，隱藏著「悲傷的小盒子」也不一定。

ちびまるこちゃん

☆最討厭遠足了！但是游泳池好好玩喔！

小丸子的形象是活力充沛的女孩子，容易讓人誤以為她是個運動型的活潑少女。然而小丸子卻自稱是最討厭麻煩事的「懶惰鬼」。

就以同學之間流行騎腳踏車時來說吧。當大家愉快地在廣場上騎腳踏車時，只有小丸子獨自一人待在一邊。因為她不會騎腳踏車。

不管家人或朋友都勸她學騎腳踏車，但小丸子非常頑固地完全不想學。不只是因為學騎腳踏車很累，也因為跌倒很痛的關係，更何況為了學會騎腳踏車她必須吃一大堆苦頭。所以她曾經發出宣言，如果得經歷這一切種種艱辛，她寧願自己一輩子都不會騎腳踏車！③7

但是原本完全聽不進爸媽勸說的小丸子，也在小玉等好朋友所說的「我們也想跟小丸子一起玩」、「我們來教妳騎腳踏車吧」等友情的壓③11力下，終於開始練習騎腳踏車。再加上花輪與關口充滿友情的強力支援，某天，小丸子突然能夠完美地學會騎腳踏車了。③22

這就是友情，也是人與人之間最美好、最了不起的力量所引發的奇蹟，一定要將此視為非同小可的頭條大事。畢竟小丸子怕麻煩的個性，與懶散、怠惰的態度，可說是宇宙無敵的超人等級。

小丸子的腳程很快，曾因為急著上洗手間，創下五十公尺跑9秒5的驚人記錄。她在長跑也有不錯的成績，因此周遭的人也相當期待她參加馬拉松大賽的表現。但小丸子卻覺得跑馬拉松很累而相當抗拒，為了不參加還打算佯裝生病。我們也不是無法理解小丸子不想跑馬拉松的心情，但令人感到匪夷所思的是小丸子「最討厭遠足了」！

⑦66　①86

恐怕除了經常缺席的體弱多病的學生之外，大部分的孩子應該都相當期待遠足的來臨。至少比待在教室聽課好玩多了。

不過小丸子光是想到遠足就會冒出一句：「真提不起勁啊~」更不用說三年級的遠足是爬山，因此出發前就會一直碎念：「腰痠背痛。」

①24

另外，提起全日本學生暑假的例行公事不外乎就是廣播體操了，不過這也是小丸子最討厭的事。可以說是糟蹋愉快暑假的兩大壞蛋（還有另外一個壞蛋，當然就是暑假作業）。

⑦159

正如同前面章節所述，老是睡過頭的小丸子，平常上學就已經是遲到大王，卻還要她比平常早起去做體操，簡直令人無法想像。若以小丸子的觀點看來，早起做體操可是驚天動地、晴天霹靂般的大事件。

雖然討厭累得要死，但小丸子似乎很喜歡游泳。在第6集的〈游泳池開放日〉篇中，小丸子一副活力充沛的模樣，似乎相當樂在其中。

雖然游泳前會覺得有點冷，但潛入水裡之後就不會覺得冷了，小丸子會與小玉在水裡玩憋氣互瞪的遊戲。在老師的一聲令下，大家一起在泳池裡進行撿磁磚的活動，還有用浮板就可以輕鬆又愉快地游泳，真的是「發生一堆有趣、神奇的事，游泳課以讓人無法想像這些活動全都濃縮在短短一小時之內的超高密度進行，一眨眼就結束了」。⑥32

小丸子回到家之後，說完「啊~累死了」便跑去睡午覺。因為暑假的晚上，電視會播出「兒童漫畫特輯」，為了避免自己在節目播出時睡著，事先睡午覺絕對是明智的作法。⑥41

不過，如此未雨綢繆的小丸子，既沒有吃晚餐，到了「兒童特輯」播出的時間也沒有醒來，就這樣一覺睡到隔天早上了。

第2章

小丸子的生活核心就是「吃」

ちびまる子ちゃん

☆充滿熱情「準備遠足」的小丸子

雖然小丸子討厭遠足，卻會為了遠足的行前準備很認真充滿熱情！其實任何人都不例外，像是遠足或是旅行之類的事前規劃、行程準備，總是能讓人感到心情愉悅。

不過，小丸子的「遠足前一天比較愉快」的想法，與一般大眾所認知的樂趣有著極大的不同。說穿了，對小丸子而言「『遠足』只是『準備遠足』的附贈品」①32，因此她在行前準備上所投入的幹勁、氣魄與精神完全不同於一般人。

雖說是遠足的行前準備，但小丸子有大半的精力都集中於「採購零食」上。正如同小丸子說的「因為我很貪吃，所以最喜歡『準備遠足』了」①24，光是想像能夠在日幣二百圓的預算內買哪些零食，就會令她忍不住眉開眼笑、雀躍無比。

在小丸子心中早有一套「遠足用零食」的採購原則，必須遵守三項①28

重點。

首先，豪邁地一口氣用掉50%的預算。這是以與同班同學互相交流為前提的必要支出，透過與人交換零食，藉此達到獲得各式各樣零食的目的。

再來，將剩下的一百圓的一半，用在自己身上。可以的話，她並不打算分給別人吃，因此訣竅在於選擇無法分享的零食。為了遠足這種重要的日子，特地選擇平常不會買的零食，也是聰明的作法。

第三項重點就是，買自己平日常吃的零食。小丸子喜歡的糖果或巧克力都是價錢便宜，而且是將她日常的生活點綴得多彩多姿的「可愛又會讓人開心」的零食良伴。當然，這也是為了避免自己因為重要的日子，造成情緒興奮、太緊張或是想太多，而不小心犯下買錯零食的疏失時，所做的緊急應變措施。

小丸子「平日的零食良伴」之中，有粉絲們也相當熟悉的巧克力米果與模範生點心麵。

小丸子與姊姊都會為了遠足最大盛事——午餐時間，向媽媽點菜。

姊姊想要煎蛋捲，小丸子則想要吃水煮蛋。順帶一提，由於靜岡方言的關係，小丸子是說「白煮蛋」。①31

另外，住在日本產茶大縣——靜岡的小丸子，雖然喜歡日本茶，但遠足的時候不管怎麼樣必帶的是可爾必思。享用美味可爾必思的訣竅在於，將可爾必思泡得濃一點，加入冰塊後，再緊緊蓋好保溫壺的內蓋就大功告成了。②10

這麼一來就萬事皆備了。對小丸子而言，遠足實質上的意義只到這個階段為止。

☆會被眼前食物迷惑的小丸子

不只是遠足這種特別的日子，小丸子平常也是對食物懷抱著強烈的關注與執著。讓我們也來針對這一點試著探究一番吧。

首先，小丸子在家裡移動時，一定會習慣性地順路繞去廚房一趟。②10當然，她是為了物色「有沒有什麼可以吃的」。小丸子也曾因為櫻桃子老師所說的「貪吃的習慣」，而把媽媽原本準備好要給來家庭訪問的老師的點心，給吃掉了。

這一天，不只是小丸子的老師，姊姊的老師也會來家裡。因此，為了隨時都會上門拜訪的老師，媽媽事先在廚房準備好兩人份的茶與日式點心。然而，先上門的小丸子的老師，只站在玄關前大概聊一下就回去了。小丸子在走回房間途中發現廚房有兩份點心，以為這是媽媽與老師的，所以開心地吃掉，結果她一個人吃完了兩人份的點心。

接著，還一副悠哉地說怎麼只有準備甜食，好歹也買點洋芋片、醬

油煎餅之類的零嘴吧，就在她才喝完茶，隨即換姊姊的老師上門進行家庭訪問。接下來，也不難想像將會有多麼猛烈、狂暴的雷打在小丸子的頭上了吧。

話說回來，小丸子這種貪吃的天性不只會在家裡發生。

某天，姊姊的朋友良子說要送熱帶魚給姊姊，小丸子便跟著姊姊一起去良子家拿魚。

在良子家時，對方端出甜饅頭當茶點，良子遲遲沒有吃自己的一份。於是，小丸子誤以為「這是良子姊姊吃剩的甜饅頭」，連良子的那份都一併吃完了。

只要看到喜歡的食物，理智就會立刻停止運轉的小丸子還犯過其他錯誤。⑦81

聽到要吃壽喜燒後，滿心期待的小丸子，在爺爺的勸誘下被「東京伴手禮——高級的法國糕點」的美味擄獲芳心，忍不住先吃了兩塊，導致她幾乎吃不下期待已久的壽喜燒。⑨36

☆「一粒雙享受[3]」的固力果吃法

不只小孩子，大人也不例外，所有的人大致上可分為兩類。

喜歡的食物會優先吃掉，以及會將喜歡的食物擱在一旁，打算最後再來慢慢品嚐的兩種類型。

用這一點來判斷人，比星座或血型之類的判斷標準更有用。

小丸子是屬於後者。可以的話，其實她也希望能夠不吃討厭的食物，如果是在家裡還可以稍微任性一下耍賴不吃，但在學校就沒辦法這麼做了。所以，學校的營養午餐，小丸子總是會先把討厭的食物吃掉。

當桌子上只剩下小丸子喜歡的食物時，才是她正式享用營養午餐的開始。然而，唯有在極少數的情況下，小丸子會因為這樣的吃法，遭受超級嚴重的損失。

3　原文為「1粒で2度おいしい」，是日本固力果的杏仁牛奶糖廣告標語，形容一顆杏仁牛奶糖可以享有兩種口感的美味。

在學校進行防災演習的那一天，猜想著到底會是幾點開始演習，希望是在討厭的數學課進行的小丸子，不知不覺間放鬆了警覺心。但是代表緊急情況發生的「喔咿～～」警報聲，竟然在午餐時間來襲。 ②92

小丸子秉持著先吃掉討厭食物的原則，早已將桌上的海藻沙拉吃得一乾二淨，但是布丁與水煮蛋則完全沒吃。哈哈！實在不難想像小丸子有多麼捨不得不布丁和水煮蛋地鑽到書桌底下進行避難演習。

小丸子甚至還有一套「喜歡的食物慢點享用」的強化版方針。那就是，她會將喜歡的食物先吃一半，留下一半收到冰箱或是櫥櫃裡。 ②16

冰淇淋（只限杯裝冰淇淋）吃到剩下一半後，就會放回冰凍庫。不 ⑦59
管是柳橙汁或是布丁，也都會吃剩下一半再冰起來。布丁之類的東西必 ⑦171
須當天晚上或是隔天就得吃掉，不過放在冷凍庫裡的冰淇淋可以放好一陣子都不會壞掉，於是數日後——

「啊！有冰淇淋耶～真開心！」就會變成這麼一回事。

這就是小丸子的「一粒雙享受」的固力果式吃法[4]。

乍看之下，這並不是什麼了不起的大事，但仔細思考的話，主角可是美食當前就會失去理智的小丸子，想必這絕不是能夠等閒視之的尋常小事。而且，藉由假裝忘記自己留下一半的冰淇淋讓美味倍增的作風，說固力果式的吃法是支撐著小丸子的哲學思想也不為過。

然而，其實這個「偉大的哲學思想」也有缺點。

六月的某一天，小丸子想起自己之前特地留下一半的蜂蜜蛋糕，興奮地從櫥櫃裡拿出來，赫然發現蛋糕早已長滿了黴菌，根本沒辦法吃了。小丸子只好無奈地將美味蜂蜜蛋糕丟掉了。

②16

4 編註：嚴格來說，小丸子的吃法只是分成兩次，和固力果的「一粒雙享受」有點不同。而本書作者應該只截取了原文「1粒で2度おいしい」中的「2度（也可譯為第二次）」，作為小丸子吃法的解釋。畢竟在第二次吃時，還添加了假裝忘記自己留下一半的愉悅心情，也算是另類的「雙享受」吧。

☆ 炸蝦閃一邊去，漢堡排才是王道

如此執著於「吃」的小丸子，最最最最喜歡的食物，就是漢堡排與炸蝦。

如果像兒童套餐一樣，將漢堡排與炸蝦放在同一個盤子上，並端上餐桌的話，小丸子就會開心得樂不可支。漢堡排與炸蝦——能夠幸運地同時吃到這兩種美食，只有在遠足之類的特別活動日子而已。①26

如果在平日被問到想吃漢堡排還是炸蝦的話，不曉得小丸子會如何回答呢？也許一般人會認為不管是漢堡排或炸蝦都沒差吧，但身為小丸子的粉絲，確實會很想知道真正的答案。

在第3集第19話〈丸尾終於要出馬競選第三學期的班長〉篇裡，出現了小丸子一聽說營養午餐菜單是炸蝦，就立刻開心地大喊「好耶！」③74的場面，以及高舉著雙手歡呼萬歲的模樣。

「小丸子真的很喜歡炸蝦呢。」如同好朋友小玉的這番話，小丸子

最喜歡的食物的第一名寶座，想必非炸蝦莫屬了吧？

漢堡排是在第5集與第9集登場。一聽到晚餐吃鮮魚燴菜，頓時食欲全無的小丸子，找了姊姊商量，打算製作向媽媽點餐用的菜單，當時想到的第一樣菜色便是「壽司與漢堡排」。⑨24

在星期二的點餐菜單欄位中，明明白白地寫著漢堡排而不是炸蝦。⑨26更別說，漫畫裡菜單只畫到星期二的部分，星期三以下的部分並沒有畫出來。雖然不難想像星期四或星期五的欄位中一定有炸蝦，但是炸蝦因為沒有被畫出來，也許應該將此舉視為炸蝦把第一名的寶座讓給漢堡排了吧。不是嗎？

而大大地彰顯漢堡排地位之崇高，是在第5集裡。這是發生在小丸子因為微微發燒似乎有點感冒，因此**非常開心地**不用上學的那天早上的事。小丸子心想，此時不問更待何時，便趁機撒嬌要媽媽做漢堡排。⑤39

「啊？哪有人一大早就吃漢堡排的！」

「快感冒的時候就是要吃漢堡排嘛！」

雖然媽媽知道小丸子只是想吃的藉口，但想不到被拜託的媽媽竟然

也真的為了微微發燒的女兒做出兩塊大漢堡排來，這一點更令人吃驚。

不過，小丸子當然完全無視於讀者如此的訝異，只見她一邊撒嬌地說「啊──嗯」一邊一鼓作氣地將兩塊漢堡排吃光光。⑤41

從這種情形看來，不管怎麼想，都只能說漢堡排的地位完全超越了炸蝦。

而且，在第5集與第6集的人物介紹（扉頁）中，也清楚地寫著小丸子最喜歡的食物是漢堡排，站在我們品川小丸子研究會的立場，想當然耳，便就此拍板定案小丸子最喜歡的食物是──漢堡排！

☆為什麼小丸子無法記得營養午餐的菜色？

小丸子也很喜歡吃日式炸雞塊。

與媽媽為了餵食熱帶魚而大吵一架的隔天，小丸子在學校表現出一副悶悶不樂的模樣，令小玉擔心得不得了。

不過當小丸子問小玉今天營養午餐的菜色，一聽說是日式炸雞塊時，立刻開心地高舉雙手大喊萬歲。直到前一秒為止的悶悶不樂早就消失得無影無蹤，小玉在感到安心的同時，頭上也不禁浮現「三條線」。

如果只因為小丸子是個愛吃的人，就膚淺地認為只要是食物就能討她歡心的話，可就沒有真正的瞭解小丸子了，不，應該是說人類這種生物，正因為是吃喜歡的食物，才能讓人恢復活力。

吃喜歡的食物能變得活力充沛！這是無人不知、無人不曉的真理。

話說回來，對「吃」比常人執著一倍的小丸子，為什麼總是無法記住營養午餐的菜色呢？反而是小玉隨時都能說出，實在令人有些不解？

⑦
85

☆星期六說什麼都要來一碗「雞蛋麵」

學校星期六只上半天課，沒有提供營養午餐，但是小丸子回家之後即使吃完午餐，卻還是會藉口說「星期六真是食欲之日」並來一碗的，就是House 好侍食品公司出產的「雞蛋麵」。

① 41

從昭和三十三年（1958）8月，市面上推出第一款泡麵以來，各款泡麵便開始如雨後春筍般冒出。想必有許多讀者對House 好侍食品的「雞蛋麵」記憶都相當深刻吧。「將雞蛋揉進麵裡」的廣告標語，加上麵體顏色是帶有難以言喻的淡黃色，散發出一股令人難以把它與泡麵聯想在一起的高級質感。

小丸子每次吃都大為感動地說「從來沒吃過這麼好吃的泡麵」，因此每個星期六都一定會西哩呼嚕地大口吃一碗「雞蛋麵」。

在小丸子出生的七年前，泡麵的誕生受到非常熱烈的歡迎。當小丸子就讀小學三年級（1974）時，市面上已經有超過兩百家廠商。為

了在競爭激烈的泡麵產品中勝出，各家公司無不絞盡腦汁，推出各式各樣的泡麵，而這款「雞蛋麵」就是日後仍能讓人們印象深刻的泡麵之一。「雞蛋麵」售價為日幣三十七圓。當時的物價，是吐司一斤日幣九十圓，牛奶一瓶日幣四十六圓，炒麵一盤日幣二百圓的時代，想必媽媽也是因為這樣才會容許小丸子痛快地吃她喜歡的「雞蛋麵」吧。

雖然小丸子起初是覺得很好吃才會迷上「雞蛋麵」，到後來還多了個可以得到贈品「雞蛋球」的誘惑。

當時泡麵業界普遍認為無法只靠麵的味道在競爭激烈的市場中殺出重圍，推出各式各樣贈品的促銷手法越來越誇張，因此隔年業界內開始禁止附贈過度豪華的贈品。即便如此，泡麵附有贈品的情況並沒有因此絕跡。每個星期六，小丸子就這樣一邊吃著她最愛的「雞蛋麵」，一邊期待著有機會抽到獎品「雞蛋球」。

雖然只是個將環套在腳踝上，然後甩動連接在環上繩子另一端的雞蛋球的陽春小玩具，卻是個能夠倍受像小丸子年紀差不多的眾多兒童喜愛的絕佳贈品。

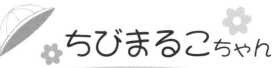

☆啊啊～人家憧憬已久的特製沙拉醬

提起大部分小孩討厭的食物，多數都是以胡蘿蔔為首的蔬菜。

小丸子也不例外，她很討厭營養午餐附的鹽漬蔬菜。⑨30

最近社會上開始質疑吃沙拉養生的論點，也有人認為吃生菜對身體好的說法是不切實際的主張，反而是熱菜才能夠提升維他命的吸收率。但由於日本在第二次世界大戰後，一面倒地傾向於「多吃生菜、沙拉」的論點，所以小丸子學校的營養午餐，也會端出盛有大量生菜的料理。

但是學校的生菜料理並不會淋上沙拉醬或美乃滋，只會稍微搓鹽入味而已，所以小丸子和小玉都很討厭這類的生菜。

如果要小丸子來說的話，這簡直就像是餵昆蟲的飼料，不，「就連蚱蜢都吃得比我們好」。無論如何實在吞不下去的小丸子，偷偷將這道菜放到便當袋裡帶回家，結果不小心弄髒了有可愛熊熊刺繡的便當袋。

然而，小丸子並非討厭吃蔬菜。如果能夠像家裡很有錢的花輪一

樣，在蔬菜上淋特製沙拉醬，就算是一大碗的蔬菜她也能夠吃光光。不過，因為媽媽一句：「太貴了，不行。」小丸子的夢想就這樣破滅了。⑨33

除此之外，小丸子也討厭番茄與納豆。

☆天冷時喝的熱可可是「人間極品！」

「嗚～好冷，好好喝～」

令小丸子放學回到家後如此讚不絕口的「熱飲」便是熱可可。

拿著媽媽泡的熱可可，笑容滿面的小丸子心情愉悅地說：「熱可可真是好喝啊。這麼美味的東西，到底是誰發明的呢？」

不過，小丸子並沒有要求媽媽「幫我泡熱可可」，她只是說「有沒有什麼熱的可以喝」。由於媽媽對小丸子的喜好瞭若指掌，所以才會泡熱可可給她。

小丸子喜歡喝熱可可，其實早在很久之前就已經公開過了。細心的讀者應該已經發現，在第1集〈小丸子參加鎮上的聖誕派對〉篇中，姊姊與小丸子在聖誕派對結束後回到家，說要吃帶回來的伴手禮，請媽媽幫她們泡飲品。姊姊說要喝咖啡，小丸子則是說「我要熱可可」。換言之，姊姊是咖啡派，小丸子則是可可派。（順帶一提，正如同各位所

⑦
41

知，當時的伴手禮並不是餅乾或是巧克力，而是和咖啡、熱可可完全不搭的紅白甜饅頭。）

在夏天的話，小丸子最愛的是刨冰。小丸子會一邊吃冰一邊對姊姊或小玉說：「冰冰的好好吃喔～」①11等

☆對茶很挑嘴的小丸子，不喝重複沏的茶

雖然熱可可也很好喝，但不分四季都能夠品嚐的果然還是日本茶。而且不論是下酒小菜或是任何點心，都可以當成茶點。小丸子與姊姊原以為聖誕派對的伴手禮是巧克力或餅乾，雖然是紅白甜饅頭，但只要配茶就沒問題了。對小丸子來說，茶就是這麼「心胸寬大」的飲品。

之前家庭訪問時，小丸子把用來招待老師的茶點吃掉，並以一副小大人的表情說：「靜岡的茶果然好喝呀～」雖然看到這一段令讀者忍不住發笑，但小丸子不只是嘴巴說說而已，她是真的懂得如何品茶喔！（②10）

像是放學回家的小丸子吃甘納豆時，看到媽媽泡給她的茶時還說：「這不是重複沏的茶吧。」吃早餐時，小丸子喝了一口茶後激動地說好難喝呀，還大喊：「媽媽～這是重複沏的茶吧。」要求著要現泡的茶。（⑧101）

即使小丸子是在剛起床、還沒清醒的情況下，仍然可以辨別茶的好壞。或者應該說因為喝到重複沏的茶，令小丸子完全清醒了過來。她對

媽媽抱怨「就算是粗茶也是新沏的美味吧」，另一方面，甚至還對覺得新茶很貴，因此敬而遠之的爸爸說教：「今天可是八十八夜[5]。八十八夜不喝新茶，你還敢說自己是正港清水人嗎！」 ⑧134

還有，小玉對在學校嚷嚷著「真想喝美味的茶呀～」的小丸子說：「今天要來我家嗎？」邀請小丸子去家裡品嚐親戚送的新茶。 ⑧137 140

小孩子彼此互邀「要來我家喝新茶嗎？」應該相當少見吧！實在令人好奇，住在宇治的小孩們，是否也會像這樣互邀朋友來家裡喝茶呢？

不管怎麼說，後來大伯（爸爸的哥哥）送了小丸子一家人一大堆新茶，小丸子終於能夠盡情地沉浸在期待已久的「新茶天堂」裡。只不過，茶實在太多了，導致小丸子淪落到在炎熱的盛夏時節，還得滿頭大汗地喝茶的下場。 ⑧147

綠茶富含維他命，對身體相當有益處。小丸子充滿活力的來源，也許正是因為她愛喝茶的緣故吧。

5　立春後的第八十八天。在這一天所摘採的茶被視為特級茶，據說在這一天喝茶會長命百歲。

☆ 小丸子長得像山口百惠？

儘管小丸子會跟爸爸一起在浴室裡大唱《離別的藍調》或《含淚的貞操》，但九歲的小丸子不可能只喜歡淡谷紀子與殿下 KINGS 而已。

小丸子與其他九歲的女孩子一樣，是山本玲達、錦野旦、天地真理、Finger 5 與山口百惠等人的粉絲。

小丸子會演唱——

♪我要將女孩子最珍貴的寶物，

獻給你～♪

山口百惠的《夏日體驗》或——

♪啊～如果你想要的話，不管你對我做什麼

都可以喔～♪

《青色果實》這類的歌曲。

雖然作品中曾出現小丸子被媽媽罵「不可以唱這種歌！」的場景，但小丸子會成為百惠的粉絲，其實也是起因於媽媽的一句話。⑤98

當時，媽媽在廚房一邊擦拭盤子一邊對小丸子說：「小丸子長得有點像百惠呢。」現在回想起來，也許是因為小丸子幫忙收拾餐盤，媽媽覺得小丸子表現很好，才會帶著寵溺的心態誇獎她也不一定。⑦109

但是，小丸子被媽媽這麼一說之後竟然當真了，還一邊看著鏡子一邊徵求爸爸與爺爺的認同。

就在這個時候，好巧不巧地同班同學濱口送了山口百惠的演唱會門票給小丸子。光是從小丸子準備送給百惠的禮物，是櫻家珍貴的螃蟹罐頭，就能夠知道小丸子的心情有多麼洶湧澎湃吧。因為這是要送給偶像百惠的禮物，小丸子甚至還在螃蟹罐頭旁附上美乃滋！⑦116

天地真理在山口百惠出現於螢光幕之前，堪稱劃時代的偶像巨星。天地真理襲捲全日本時所挾帶的超強人氣，強到全日本幾乎所有商品都用「小真理」來代言的地步。

當小孩子之間掀起一股騎腳踏車旋風時，小丸子曾向爸爸撒嬌：

「買小真理的腳踏車給我嘛～」這裡所謂的小真理腳踏車，就是印有可
愛公主扮相的天地真理照片的兒童專用小型腳踏車，是女孩子們無論如 ③11
何都想要的夢想商品。

另外，就連喜歡泡澡、總是相當期待與爸爸一起泡澡的小丸子，一旦看到天地真理出現在電視上，就會對爸爸說「再等一下」。我們由此 ⑩59
得知，小丸子與全國的少女一樣，都是天地真理的超級大粉絲。

小丸子曾經在信裡向筆友坦言，自己是錦野旦的粉絲，但是卻對 ⑦13
Finger 5 隻字片語未提。

雖然在漫畫第4集的扉頁，寫有「喜歡的歌手為山本玲達、錦野旦與Finger 5」，並在第7集的扉頁寫有「喜歡的藝人為山口百惠、山本玲達與錦野旦」，但是故事中從未具體描述小丸子對玲達、錦野旦或Finger 5 所懷抱的熱情。不過在這些扉頁中未曾被提及的「小真理」，卻常常出現在故事情節中。

昭和四十八年（1973），除了小丸子指導爺爺與爸爸演唱的《含淚的貞操》之外，Finger 5 的《戀愛撥號》、山口百惠的《青色果

實》造成大轟動，山本玲達則是於昭和四十七年時，以《怎麼也停不下來》一曲獲得爆炸性的人氣。《怎麼也停不下來》是玲達自從《真是傷腦筋》大受歡迎以來便銷聲匿跡，並在她快要被大眾遺忘時讓她起死回生，如旋風般襲捲整座日本列島的暢銷歌曲。

昭和四十八年正好適逢電視開播以來二十週年，明顯將電視機的顯像因素也一併考慮在內的「露肚臍」表演服裝，以及充滿活力的舞蹈動作，造成「歌曲從用耳朵聆聽搖身一變成用眼睛欣賞」之社會現象。

不過，山本玲達在這首《怎麼也停不下來》一曲之後，再度迅速地沉寂沒落。

當時的日本曾掀起一股超自然熱潮，全國上下因為「諾斯特拉達姆士大預言」鬧得沸沸揚揚。當電視播出「諾斯特拉達姆士大預言」特別節目時，小丸子赫然發現，山本玲達以特別嘉賓的身分參與演出。不過，看到不是穿露肚臍裝、唱著詭異歌曲的玲達後，小丸子不由得產生一股異樣的同情心。

小丸子在新年的餘興節目中演唱了山本玲達的《狙擊》，並博得滿

⑧43　③58

堂彩。也許是因為她回憶起之前曾經一邊看電視一邊心想，「玲達來參加靜岡的祭典活動，唱完歌、跳完舞就離開了。」的往事吧。①12

自從山本玲達參與這個超自然節目演出之後，小丸子就再也沒看過玲達唱歌跳舞。時光飛逝，當日本年號（由昭和）進入平成之後，山本玲達再度如浴火鳳凰般重生，掀起一陣小小旋風。另外還有一件事，也就是諾斯特拉達姆士的「恐怖大王從天而降」預言是否會應驗。

話說回來，小丸子當時曾抱持著，反正世界終究會毀滅，而打算看完整套《哆啦A夢》。姊姊對這樣的小丸子，提出「假如什麼事情都沒有發生」的忠告。光憑這一點，小丸子就不得不頒發感謝狀給姊姊。⑧51

當然，小丸子不僅避掉隔天數學考零分的命運，更誇張一點的說法是，即使說漫畫家櫻桃子能夠有今天，都是因為姊姊那一句「如果什麼事情都沒有發生的話，怎麼辦？」也不為過吧。

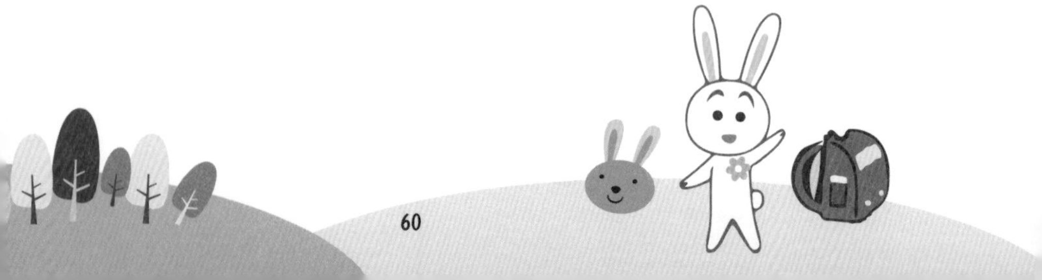

第3章

小丸子是
喜愛鑽研興趣的
風雅人士

ちびまるこちゃん

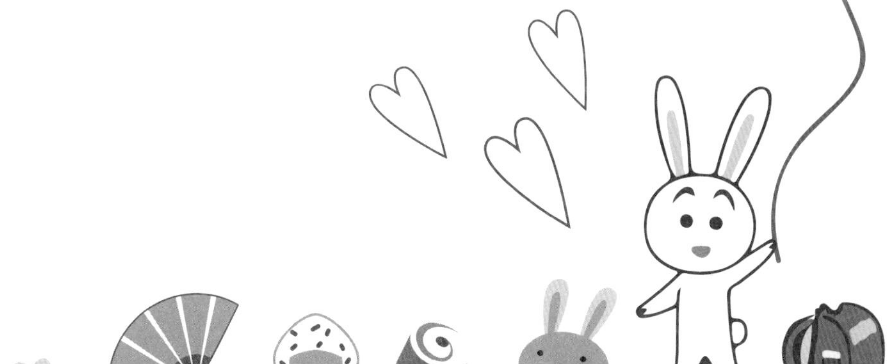

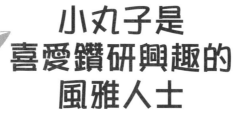

☆小丸子的三大興趣是紙板戲、蒐集郵票，和筆友通信

小丸子喜歡紙板戲[6]，總是相當期待紙戲人來公園。

根據本研究會最年長的成員表示，「我們小時候最受歡迎的紙板戲是《黃金蝙蝠》」，不知道在小丸子他們心目中最受歡迎的戲碼是哪一齣呢？作品中，表演紙板戲的大叔會邊演邊說——

「太好了！桃太郎！幹得好！」

如此這般，但總不可能是那位從桃子裡面蹦出來的桃太郎吧。原本以為不會是那位帶著狗、猴子與雉雞，並打倒惡鬼的桃太郎時，想不到上演的戲碼竟然就是那位鼎鼎大名的《桃太郎》。除了這個故事之外，大叔也會表演《野口英世》的戲碼，但孩子們完全不買帳。

不過，小丸子對紙板戲的戲碼一點興趣也沒有，想必小丸子的粉絲

---

6 亦稱紙芝居，源於日本的紙戲，透過畫在紙上的圖畫來說故事。大多為糖果小販吸引小孩的攬客手法之一。

⑩
145

與聰明的讀者早就已經察覺到了吧。會令小丸子滿心期待的，當然非食物莫屬。表演紙板戲的大叔所販賣的零嘴，不管是水飴[7]或牛奶仙貝，小丸子全都喜歡。甚至喜歡到立志要成為表演紙板戲的人。嗯？如果小丸子成為紙戲人，來看戲劇的孩子們每次都會因為零食被小丸子吃光而買不到東西吧。

畢竟，這個小丸子可是會因為今天是表演紙板戲的大叔會來的日子，與小玉約好一起去公園，把全部的財產都投注在紙板戲上。順帶一提，紙戲人會來表演的公園為並木公園。

雖說是全部財產，但總共也只有日幣二百六十圓。不過，以一瓶啤酒是日幣一百六十圓、一杯咖啡為日幣一百八十圓的時代而言（昭和四十八、四十九年的物價），將日幣二百六十圓全部挹注於紙板戲，可說是小丸子的一項壯舉。小丸子果敢地從「水飴」與「兔子仙貝」為起點，一路玩抽籤遊戲，最後就這樣花光日幣二百六十圓。

7 類似麥芽糖的黏稠狀透明糖漿，原料基本上為發芽米，有加麥芽的則稱為「麥芽水飴」。

小丸子也有其他比較有文藝氣息的興趣，那就是蒐集郵票。

②39

在小丸子就讀國小三年級的期間，不只小孩子，連大人之間也流行起一股集郵熱潮，小丸子也蒐集了不少郵票。

在第二次世界大戰後，曾經掀起過數次大小不一的集郵熱潮，不過，小丸子所說的熱潮應該是指由於蒐集小全張的紀念郵票而掀起大量購買郵票的現象吧。本研究會成員中也有人曾經蒐集過郵票。據說原本只會購買一、兩張，由於集郵熱潮的引爆，導致愈來愈多人開始購買全張，家境不好的小孩的零用錢根本無以負擔。本研究會成員表示，由於經濟方面的理由，只好忍痛放棄興趣。

小丸子曾說過自己家很貧窮，櫻家也確實被認為是相當節儉的家庭。因此，小丸子能夠維持集郵的興趣實在令人存疑。

小丸子的零用錢被訂為一天日幣三十圓，如果不將花在其他事物的費用算在內，似乎也不無可能。順帶一提，原本一張日幣七圓的明信片於昭和四十七年時漲成一張日幣十圓，四年後，也就是昭和五十一年時，更是一口氣大漲兩倍，變成日幣二十圓。

①75

⑥8

更甚者，小丸子還有個喜歡與筆友通信的典雅興趣。

小丸子平日分別會和家住神奈川與沖繩的兩名少女通信。雖然本研究會也想將此視為小丸子純粹是為了瞭解異地文化、基於求知欲望才保有的興趣，並非有想貪圖好處的不單純動機。因為小丸子一聽同班同學說北海道的筆友送了白巧克力與鈴蘭項鍊給她，便立刻想要確認白巧克力的滋味如何，還拜託同班同學將那位筆友介紹給自己（不過，這份旺盛的求知欲遭到好朋友小玉的輕視就是了）。

⑦7　⑦11

其實，這個與筆友通信的興趣相當花錢。因為收到白巧克力與鈴蘭項鍊後，如果不回送個靜岡名產或布偶之類的禮物，即大大地違反交筆友的禮儀。甚至，對方生日時還必須送更高價的物品才行。交筆友就是這樣，無法只靠信紙、信封與郵票費用搭起友誼的橋梁。

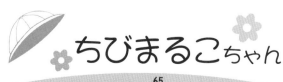

本研究會成員中，也有人曾經交過筆友（話說回來，我們研究會還真是什麼人都有耶），而且還必須用英文寫信，歷經了千辛萬苦開始與印度人通信。印度在身分制度上實施極為嚴格的種姓制度，貧富差距也相當驚人。能夠交海外筆友的人，家境通常也算是相當富裕的人，因此贈送的禮物也價值也不便宜。導致後來為了回禮，資金周轉不靈，最後只好放棄交筆友。

小丸子也面臨到因為禮物而放棄交筆友的窘境。小丸子送了清水次郎長的斗笠與簑衣給家住沖繩的與那嶺詩子當生日禮物⑦19。然而，對方雖然在信上開心地寫道「好開心喔～謝謝妳送我這麼稀奇的物品」，日後卻再也沒有收到她寄來的信。

雖然大好人詩子什麼話都沒有說（也許是吃驚到說不出話來吧），但家住神奈川的田邊和江則是非常明白地指出「因為興趣不同，所以不想繼續通信了」⑦20。

在因為交筆友造成經濟上的困擾前，小丸子就因為品味的差異，不得不在交筆友的這個興趣上畫下休止符。

☆令人哀傷的孔雀魚死期。永別了，十姊妹！

將熊熊布偶視若珍寶的小丸子，也很喜歡動物。

小丸子在放學回家的途中發現一隻流浪狗，便拜託爸媽讓她養在家裡。由於答案是「不行」，她只好集結全班同學一起飼養，並說好在願意領養狗狗的主人出現之前，大家一起照顧牠。

某一天她看到一名年紀與自己相仿的女孩子，抱著那隻狗喊著「圓圓」，在高興狗狗終於找到飼主的同時，小丸子也因為與小狗的離別而寂寞地流下淚水。

⑤59

此篇在《櫻桃小丸子》中算是多愁善感、賺人熱淚的故事，不過也可以說小丸子不只對狗，只要是活生生的，幾乎都喜歡。

因為就連會令多數人害怕地到處逃跑的蟑螂，她也會說「只要蟑螂慢慢走，不要亂飛的話，要我養它當寵物也沒問題」。

小丸子正如同「明明五音不全，卻又愛唱歌」這句話般，雖然不擅

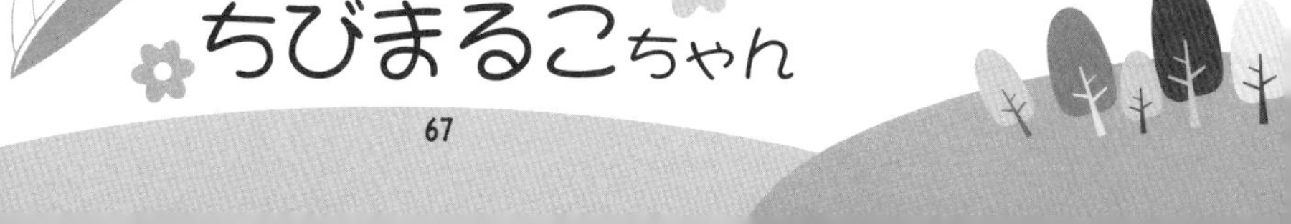

長飼養生物，又愛養得不得了。

曾經有過這麼一回事。別人送的鈴蟲一口氣繁衍太多，整個家裡到處傳來「鈴——鈴——」的蟲鳴聲，導致家人差點得強迫症。

雖然她分別送給小玉十隻、山田二十隻、年子十五隻，以及濱口十隻，但家裡還是到處都是鈴蟲。迫於無奈之下，最後演變成小丸子與爸爸一起去遠處的河堤放生鈴蟲。不過，小丸子並不是把昆蟲養死，而是增加數量，應該可以說是飼育成功吧。

另外，小丸子曾經在飼養十姊妹時凸槌。自從小丸子在靜岡的外婆家看到文鳥的雛鳥後，就一直很想買文鳥來養，每天都會看著文鳥的照片哀聲嘆氣。於是，她拚命拜託爸爸媽媽：「買文鳥給我嘛～」最後爸爸終於在拗不過小丸子的苦苦哀求下，帶她去鳥店。但是，文鳥剛好賣完了，要再等三天才有，但迫不及待的小丸子硬是買了一對十姊妹。

然而歷經千辛萬苦才得到的十姊妹，小丸子卻讓牠們飛走了。由於小丸子無視姊姊所給予的「牠們並不是雛鳥，所以不可能乖乖地停在手上」的忠告，當她為了訓練十姊妹停在手上而打開鳥籠時，十姊妹立刻

⑩128

③110

④37

從窗戶飛向天空。

十姊妹來到小丸子家，不過短短兩天的時光而已。④43

另外，也由於之前發生過十姊妹的失敗經驗，因此媽媽從一開始就不打算實現小丸子想養熱帶魚的願望。

只不過，如果這是能幹乖巧的姊姊的願望，那就另當別論了。姊姊的朋友，良子答應要將家裡的孔雀魚分送給她時，家裡立刻買了飼養熱帶魚用的水族箱。

先不論事情的原委，小丸子因為能夠實現養熱帶魚的心願而開心得不得了。卻沒想到餵食時卻被媽媽捷足先登，小丸子一氣之下竟然做出一邊哭一邊往水族箱灑進大量飼料的愚蠢行為，並演變成與媽媽之間的⑦84大戰。雖然經歷過上述種種事情，後來小丸子邀請了好朋友小玉來家裡，仍是一臉得意洋洋地展示孔雀魚，露出一副沾沾自喜的模樣。

然而，小玉當時提出了：「這麼寬敞的水族箱只養了五尾孔雀魚，看起來好可憐喔。我把家裡的淡水龍蝦帶來好了。」此一建議，卻是不幸的開端。把小玉送的淡水龍蝦放入水族箱裡就出門的小丸子，玩了好一陣子才回家後，立刻就去看孔雀魚。接著，發出「啊！」的驚呼聲。淡水龍蝦竟然在吃孔雀魚。而且，那是最後的一尾，水族箱裡已經不見任何孔雀魚的身影了。

雖然小丸子對動物充滿愛心，但無法保證被她飼養的動物能夠過著安穩又幸福的日子。

⑦ 90

——§§——§§——

在此稍微介紹一下，鈴蟲與靜岡縣的淵源。

靜岡縣的伊東市，從昭和四十年起即會贈送鈴蟲做為宣傳溫泉之一環。當時是利用溫泉熱人工繁殖鈴蟲。在昭和四十八年時，於東京數寄屋橋公園將裝有鈴蟲的蟲箱贈送路人的情景也曾經見報。

看來小丸子的鈴蟲飼育與伊東市的鈴蟲大放送並無直接關聯，但看到這則新聞與小丸子的故事，令本研究會成員們下意識地留有靜岡縣是鈴蟲之縣的印象。

☆喜歡親近傳統藝技的怪小孩

忘記是何時的事情了，雖然不至於造成大流行，但曾經出現過「小大人」這個流行詞彙。

所謂的小大人，是小孩子與大人的合成詞彙，意指像大人的小孩子。這並非單純的故作成熟或言行舉止早熟的意思，而是具備小孩子人格的特質，卻擁有連大人也自嘆不如的嗜好或思考方式的小孩子。

或許，小丸子也可以說是這麼一個小大人吧？

首先，她喜歡喝茶。這個喝茶的興趣實在不符合小孩子。

再來就是大部分的小孩子都不喜歡吃「酸」的東西，而小丸子卻似乎很喜歡中華涼麵[8]。也許是睡了一場長長午覺很舒服的關係，只見小丸子一臉愉悅地看著眼前的晚餐——中華冷麵。

「我要開動嘍——呀呼！」活力十足地如此大喊。

8 以醬油、醋為基底的夏季涼麵，微酸。

⑦
163

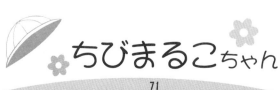

另外，小丸子還具備了更不符合小孩子的特質。

小丸子從小就喜歡落語[9]，偶爾還會模仿幾句。她曾經對同班同學 ①15
說：「歡迎歡迎，哎呀呀～兩位這是要去哪裡呀？」也曾對講起牛郎織女故事的媽媽說「咱家一開始就覺得那位牽牛的男人會因為女人而變沒出息」，但接下來，小丸子的腦袋瓜立刻遭到媽媽的鐵拳伺候。看來模 ⑥43
仿落語的語氣並不受歡迎。

不過，都都逸[10]似乎比較受歡迎。小丸子因為爺爺抽中南島之旅的大獎，前往南國島嶼遊玩，並在那座南國島嶼以口技的方式模仿三味線 ⑥94
的演奏，當場表演都都逸做為餘興節目。

都都逸的歌曲多以男女情事為主，偏偏小丸子演唱的——

「實在是太可憐了，褲子裡的屁～

一左一右，各分東西～～～」

9 日本傳統的表演，與相聲類似，但落語家通常都是一人上臺，坐在擺在舞臺上的座墊，活靈活現地述說滑稽的故事。

10 江戶末期由初代都都逸坊扇歌（1804年至1852年）所集大成的口語定型詩。遵循「七・七・七・五」的音律數，以男女戀愛情事為主的俗曲，通常會配合三味線吟唱。

卻是這種搞笑的歌曲。唉，特地來到遙遠的南國島嶼，小丸子「噗子」的一面仍然顯露無遺。

小丸子還會陪著爺爺一起練習浪曲[11]。也許小丸子擁有這方面的天賦，只見她現學現賣地對爸爸唱起：「吃吧、吃吧、吃歐姆蛋吧~」在跟媽媽說起學校發生的事情時，也是以浪曲的說唱腔調呈現。

⑨46 52

擅長日本傳統藝技的這一點，或許正是造就小丸子有特色個性的最大功臣吧。

11　日本傳統的說唱藝術，大多為民間故事，並以三味線伴奏。

☆小丸子在小盆栽裡看到大宇宙

小丸子有時候雖然無厘頭，其實她也有高雅的興趣，那就是盆栽。

故事中曾經有一篇描述到，喜歡喝茶的小丸子被好朋友小玉邀請到家裡品嚐新茶的情節（第8集〈小丸子對茶很挑嘴〉篇）。但是，當時的活動不只是品嚐新茶，小丸子與小玉還併肩坐在緣廊望著小玉爸爸的寶貝盆栽，風雅地吟詠俳句。

特地將養有樹鶯的鳥籠搬到緣廊，如此費心地安排好一切後——

「春天過了，初夏之後就是夏季到。」

「新茶來嘍！不是加藤茶[12]喔！是新茶喔！」

說出來的內容完全沾不上俳句的邊。但是，這樣的小丸子在盆栽鑑賞方面眼光相當獨到。

12 日本老牌喜劇演員兼歌手。

⑧
142

從靜岡的外公那裡得到小松樹盆栽的小丸子一臉開心地炫耀。爸爸對這樣的小丸子說「還真是奇怪的興趣呀」，她立刻回答：「原本會長得又高又大的樹，竟然能夠種在這麼小的盆栽之中，讓人們享受四季變化的樂趣，真的很棒耶！」⑩95

沒想到小丸子能夠從僅有十幾公分的樹木姿態，觀察出四季的變化，時光的流逝。另外，小丸子曾在放學回家的途中繞去園藝賣場，對當時看到的紫藤盆栽——

「明明是個彷彿穩重男人的樹木，卻擁有女人般柔軟優雅的身段，⑩100
真是美麗極了。」發表如此感性的言論。說明了其實小丸子擁有一雙好眼力，並具備豐富的情感。

令人感到玩味的是，小丸子會被青苔盆栽大為感動，深深地感受到「中國三千年的歷史」。活在這個世界上只有短短九年「時光」的小女孩，竟能從盆栽上感受到「悠久歷史」，可以說是不可思議！

正當眾人們為小丸子的感性讚嘆不已時，接下來就輪到以往的小丸子登場了。

自稱為「不將想要的東西弄到手，絕不善罷干休」的小丸子，無論 ⑥53等
如何都想要擁有青苔盆栽。但是，她深知那是無法靠自己的零用錢買到 ⑩103
的，便跑去墓園尋找長有青苔的石頭。

於是她將長滿青苔的髒石頭放入裝水的容器中，擺在桌上，獨自一
人心滿意足地欣賞起來。不只如此，小丸子還因為在庭院前發現小石子 ⑩105
長滿青苔而歡喜不已，並將石頭送給了爺爺與爸爸，這為他們兩人帶來
極大的困擾。

所謂的興趣，有時候也會對別人造成困擾。如那項興趣越發風雅，隨伴而來的困擾有時也會越發強烈。

☆懂得使用豐富詞彙的小丸子

聽小丸子說話，會發現她的詞彙庫相當豐富。而且，偶爾還會說出不符合國小三年級學生的話語，令讀者大為吃驚。

覺得吃驚的不僅有讀者，就連爺爺也對小丸子說出的「旁門左道」⑥55一詞感到措手不及。

爺爺約小丸子與姊姊去「七夕」。爺爺所說的七夕，就是在鎮上的商店街或公園舉辦，會擺出撈金魚、釣水球、棉花糖等許多攤販，能夠讓小孩子們快樂地遊玩的祭典。

姊姊立刻回答「我要去」，並跑去換了浴衣，小丸子卻堅持「我不去」。小丸子的論點是，七夕是七月七日的活動，七月六日的今天前往根本是「旁門左道」。

只是去參加七夕的祭典，為什麼說是「旁門左道」？感到疑惑的爺爺似乎無法將小丸子所說的「旁門左道」連結到一般大眾認知的「旁門

左道」。然而，如此追求「正道」的小丸子，卻因為隔天一早大雨就下個不停，小丸子的七夕就在無法享受到七夕祭典樂趣的情況下落幕了。小丸子啊，正所謂「水至清則無魚」呀。這個世界上也有許多事情必須走旁門左道喔。

另外，小丸子甚至也知道「孽緣」或「杳無音信」等字彙。⑧ 9
「杳無音信」的日文為「梨の礫（なしのつぶて）」，借「梨」為 ⑥ 47
「無」之諧音（兩字的日文念法相似），原意是寄出去的信沒有收到任何回音的意思，但小丸子把這個詞用來單指「沒有」的意思。喂，不對吧！雖然很想這麼說，不過以一名國小三年級的學生來說，光是能夠使用這個詞彙就令人刮目相看了。

小丸子甚至也很擅長外來語，舉凡「American Dream（美國 ⑦ 79
夢）」或「Top Secret（最高機密）」之類的字彙，都確實地儲存於她 ⑨ 86
的字彙庫中。

雖然喜歡喝茶的小丸子能夠完美地掌握「就算是粗茶也是新沏的美 ⑧134
味」這種用語，卻會把「謠言傳不過七十五天」說成「四十九天」，或 ⑧25
是把「說明年的事情會被鬼笑[13]」講成「說去年的事情」等，關於諺語 ⑩127
方面的掌握度，還稱不上十全十美。

又，小丸子也會使用「有何居心」或「年邁色衰的女人」等，令大 ⑩153
人也自嘆不如的詞彙，甚至還會說「那雙眼可是綻放出少年般的光彩」 ⑤7
來戲弄爸爸，諸如此類的例子不勝枚舉。看來小丸子大腦的語言區，以 ④65
國小三年級的學生而言，算是相當發達。

13 原意為事事難料，話別說太早。但小丸子把這句諺語當成「何必提過去的陳年往事」來使用。

ちびまるこちゃん

☆搞不好是《水戶黃門》的忠實粉絲

爺爺在商店街舉辦的抽獎活動，抽中了南國島嶼旅行的大獎，後來演變成讓小丸子一個人去。搭飛機時坐在隔壁的大叔，則令小丸子害怕得不得了。

小丸子忍不住在心裡猜想，這位大叔到底是從事什麼職業？該不會是超級恐怖的黑道大哥吧？想像力如吹氣球般不斷漲大。不過，小丸子的腦海小劇場卻上演著——

「首領，在下抽到商店街的大獎，該如何是好？」 ⑥70

如此這般，完全十足的俠義時代劇腔調。

就連早上被家人叫醒、棉被一併遭到剝走時，她也會以完美的時代劇腔調回應：「放肆～世上竟然有如此過分至極之事。」 ①36

小丸子能夠開口閉口都是時代劇腔調，其中一個原因是小丸子喜歡落語與浪曲之類的傳統表演藝術，而我們「品川小丸子研究會」也發現

了另外一個鐵證如山的理由。

那就是，小丸子是《水戶黃門》的超級大粉絲。小丸子收看的，應該是由東野英治郎扮演的第一代水戶黃門。那是《水戶黃門》播出超過二十年以來，最為人津津樂道的黃金時期（《水戶黃門》從昭和四十四年開播）。

小丸子不只純觀賞電視劇，暑假時還邀請小玉與豬太郎一起來扮演《水戶黃門》。然而，猜拳猜贏的小丸子竟然不選擇水戶黃門，反而當起邪惡代官[14]的屬下，說起「咯咯咯，代官大人果然好眼光，這可是上等的貨色喔」——

展現出充滿魄力的逼真演技。

連小丸子這樣年幼的孩子都能夠著迷入戲，《水戶黃門》實在是相當了不起的電視劇。此劇可以如此長壽可不是隨便裝裝樣子而已。

⑦
147

14　江戶幕府時代的地方官，後來常被用來當時代劇中官商勾結的經典角色。

☆重要的《小丸子語錄》之一，「欺負人」

小丸子豐富的詞彙庫中，最引人注目的便是「欺負人」。

無論是對朋友或家人都會頻繁地使用，次數多到讓人不禁懷疑「咦？我原本還以為『欺負人』是大阪方言，靜岡也會這麼說嗎？」的地步。

舉例來說，小丸子在遠足時從花輪那裡得到松露巧克力，在又要求「再給我一塊嘛～」時遭拒後聳了聳肩說：「哼～嗯，欺負人。」⑤18

另外，在天氣冷的時候，從學校回來享受著暖呼呼咖啡的小丸子，詢問姊姊：「要喝嗎？」在遭到姊姊冷淡回絕「我才不要」後，立刻回說：「哼～嗯，欺負人，這人還真是難相處耶。」⑦41

暑假時，當小丸子纏著媽媽帶她去鬼屋，卻被媽媽回擊說「還不快去寫作業」，小丸子一連對媽媽說了好幾次「哼～嗯，欺負人」，最後遭到媽媽怒斥：「妳這孩子，到底是在胡說什麼啊！」④65

「欺負人」意思為壞心眼或個性差勁，不過，我們並不清楚為什麼小丸子會如此頻繁地使用這個詞彙。

小丸子的姊姊似乎也抱持著同樣的疑問。當小丸子與姊姊兩個人獨自看家時，面對發牢騷地說「真倒楣，居然要跟小丸子一起看家」的姊姊，小丸子則是以開玩笑的語氣回說：「哼～嗯，竟然說這種話，真是個讓人又愛又恨的壞傢伙。」聽到她這麼說的姊姊，立刻反問：「妳是在哪裡學到這種臺詞的？」

接下來的數小時後，姊姊終於知道小丸子是在哪裡學到這些話。電視廣告中，一名旅人裝扮的男人與一名女人，在以富士山為背景前如此對話——

♀：「七先生，請你別離開我～」

♂：「不，阿民，我必須去，並且吃石松蕎麥麵才行。」

♀：「哼～嗯，欺負人，真是個讓人又愛又恨的壞傢伙。」

看到小丸子配合著♪石松蕎麥～麵♪的廣告主題曲，一臉開心地說「哼～嗯，欺負人」的模樣，姊姊才恍然大悟地說「原來是學這個廣告

④
75

的啊」。

這個「石松蕎麥麵」的廣告，恐怕是限定靜岡地區販售的蕎麥麵，不過除了小丸子之外應該也有其他人看過，卻只有小丸子如此頻繁地使用。也沒有在班上流行起來的跡象，似乎是只有小丸子一個人很中意並經常使用。

雖然，小丸子純粹只是很喜歡這句充滿濃濃時代劇味道的臺詞，但我們讀者則是會忍不住好奇起「石松蕎麥麵」到底是怎麼樣的蕎麥麵，非吃不可啊。

☆妄想靠土龍不勞而獲的小丸子

Finger5的《戀愛撥號》大受歡迎，在「鈴鈴鈴鈴鈴♪鈴鈴鈴鈴鈴鈴♪♪」這首曲子的流瀉之中，全日本因為夢幻之蛇——土龍的話題，鬧得沸沸揚揚的。

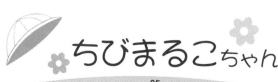

主張「我親眼目擊過」的人接二連三地現身，淹蓋過否定土龍存在的學者及知識分子的聲音，一心想捕獲此一稀有動物的人們如雨後春筍般紛紛現身。舉例來說，岐阜縣德山村的溪釣同好會「呆瓜俱樂部」曾展開大規模的獵捕行動，還獲得百貨公司贊助，公布了捕獲土龍的人能夠得到懸賞金的消息。再加上，朝日新聞也有報導這一次的獵捕行動，騷動因此越演越烈。小丸子會說「上面說抓到土龍的人，能夠獲頒日幣一百萬圓的獎金……一百萬圓耶！太好了！」這句話，想必正是源自於這場獵捕行動吧。④45

其實只要冷靜下來思考一下，就會明白這是多麼愚蠢的事情。但是在當時可以說是一種流行趨勢或人云亦云。總而言之，在日本人民族性的推波助瀾之下，認真尋找土龍的人絡繹不絕。想當然耳，明明身為小孩子卻愛品茶、演唱浪曲，可以說是典型日本人的小丸子，也對獵捕土龍一事躍躍欲試。於是，小丸子聯合好朋友小玉、班長丸尾，三人在某個天氣晴朗的星期日早上，精神抖擻地出發獵捕土龍。

④ 53

正所謂「蛋未孵出先數雞（太早打如意算盤）」，不管是小丸子打著要抓到一公一母的土龍，讓牠們繁殖後拿去販賣的如意算盤也好，或是丸尾想要創立公司，進行多元化經營的盤算也罷，只見兩人的妄想越變越大。

不過，受金錢誘惑打算去尋找土龍的小丸子，其實也有大方的一面。她告訴家裡每個成員：「如果有想要的東西儘管說，我買給你！」真是令人感動不已。當然，家裡除了爺爺之外，沒有一個人相信小丸子的這番承諾。

接下來的發展，想必也不需要多做說明，小丸子一行人的捕獵土龍計劃以失敗告終。不過，發生這場土龍騷動的同時，也有另一件讓人們

感到洶湧澎湃的事情。那就是在《週刊少年 MAGAZINE》連載長達五年四個月的作品《小拳王》迎向最後一話。也許是小丸子還只是個小女生，所以不在意這件事情，但國中以上的男孩們，當時無不暗自流下男兒淚呀。

第4章

三代同堂的櫻家

ちびまるこちゃん

☆小丸子媽媽叫做「堇」，現年四十歲

雖然經常對小丸子大發雷霆，但將小丸子照顧得無微不至、最受小 ⑨27 丸子依賴的媽媽，即使大家都知道爸爸叫做宏志（另譯廣志），爺爺叫 ⑩26 做友藏，也仍舊不清楚媽媽的名字。

在第10集〈職業棒球開幕〉篇中，媽媽的名字終於真相大白。小丸子與爺爺都對獨占電視機的爸爸感到火冒三丈。《神探可倫坡》只剩下十分鐘就演完了，他們這麼渴望知道結局，爸爸卻二話不說蠻橫地轉臺。於是，小丸子對著正在幫如此專制的爸爸準備下酒菜的媽媽說：

「媽媽，算了吧！根本不需要為那種人這麼費心！」贊成這一點的爺爺便接著說出以下的話——

「就是說啊，堇（另譯羅蘭）……為了阿宏真是辛苦妳了。」 ⑩47

小丸子的本名為櫻桃子，媽媽則為櫻堇，看起來是個帶有春天浪漫情懷的美麗名字。不過，其實讀者並不知道「SAKURA」這個姓，漢字

是寫成「櫻」還是「佐倉」，亦或是別的字。但是「櫻堇」這個名字，光聽就令人覺得既美麗又溫柔。

那麼，媽媽在和爸爸結婚之前，又是姓什麼呢？

答案是KOBAYASHI。念做KOBAYASHI的話，有99.9%的機率寫做「小林」。

媽媽的舊姓是在第7集中闡明的。爸爸與媽媽大吵一架，並發展到要離婚的階段時，小丸子下定決心要跟媽媽一起走。就在這個時候，小丸子曾心想自己的名字要改成「小林桃子」，而深深嘆了一口氣。⑦134

而小丸子的媽媽年齡為四十歲，其實是由於班長丸尾曾經激動地大吼「花輪的媽媽才二十九歲，年輕又美麗，甚至連小丸子的媽媽也才四十歲，我家的老媽卻已經四十九歲了」，為自己的媽媽如此年長感到羞恥的場景，才真相大白。⑧90

逆推回去的話，媽媽是在三十一歲時生下小丸子。姊姊跟小丸子差三歲，所以媽媽是在二十八歲時生下姊姊的，而我們也可大致推敲出媽媽的姓從「小林」改成「櫻」，大概是在二十六歲前後。

☆擁有一身好廚藝的媽媽

第5集的人物介紹（扉頁）中，描述媽媽的興趣是做料理，在第6集則寫媽媽喜歡下廚。

也許是家住清水的地緣關係，小丸子家的晚餐菜色會出現鮮魚燴菜，可樂餅或歐姆蛋的出現頻率也很高。另外，媽媽也會做中華冷麵，根據小丸子的要求而做的漢堡排也是完全手工製作。

③24等
⑦27等
⑤41

而且小丸子的媽媽是左撇子。請各位仔細看一下第1集第8頁。媽媽是用左手拿菜刀。據說左撇子的人通常比較能幹，而這樣的媽媽可以說是櫻家的料理高手。

不過這位高手所做的料理不一定都能夠討家人的歡心。鮮魚燴菜就令小丸子感到食欲銳減，每年必吃的年菜更是慘到家人都不願意積極動筷子，所以大年初一到初三期間，櫻家的餐桌經常籠罩在一股尷尬的氣氛之中。

另外，從媽媽替小丸子準備的遠足便當是飯糰，而不是小丸子要求的三明治，以及煮豆類料理當成爸爸的下酒小菜等，可以得知比起時髦的西式料理，媽媽比較擅長日式料理。

不過能幹又開明的媽媽也會為了可愛女兒的喜好，拓展料理的領域。當小丸子聽到晚餐是鮮魚燴菜而感到厭煩時——

「改成焗烤與漢堡排嘛～」曾經對媽媽這麼說。

而且，小丸子與姊姊商量後製作的晚餐菜單寫有「壽司、拉麵、漢堡排、煎餃、咖哩、炸豬排……」融合了日、西、中式料理，種類相當豐富多元。如果小丸子寫在菜單上的所有料理，媽媽都做得出來的話，那小丸子一家人真是幸福。

雖然每個家庭的情況應該都差不了多少，不過在小丸子家，壽喜燒算是超級豪華大餐。儘管這道料理與廚藝沒有直接的關係，但每逢櫻家吃壽喜燒的日子，媽媽總是會露出一副得意的表情。

☆小丸子的媽媽是望女成鳳的教育媽媽？

《櫻桃小丸子》是在夏天開始連載的，因此連載十個月後，也就是1987年的五月號，就有描寫到學校老師到小丸子家，做家庭訪問的情節。

班級導師每年都會去學生家進行訪問，如果導師沒有換人的話，有時候也會省略掉這個程序。不過，每年都會經歷一次的家庭訪問，無論是家長或學生都會感到緊張不已。

雖然每個家庭都會特別把家裡收拾得乾乾淨淨，不過小丸子媽媽的症狀特別嚴重。甚至到更換新的榻榻米、重貼拉門紙的地步。小丸子家進行的是規模超越年末大掃除的超級仔細大掃除。

②5

另外也有其他故事，顯示出小丸子的媽媽對孩子的教育懷抱著相當大的熱忱。

雖然只有短短兩個星期，媽媽曾經替小丸子的姊姊請過家教。

②31 40

比小丸子年長三歲的姊姊明年就要升國中，再加上偶然得知認識的人願意當家教，便請對方擔任姊姊的家教。

小丸子當時還身穿夏季服裝，約姊姊一起去吃刨冰，恐怕時間點落[②30]在進入暑假前兩星期左右。如果要為了升學考試進行短期密集授課的話，應該是十二月比較恰當，在暑假前進行效果並不顯著。

由上述可知，媽媽不是為了升學考試才幫姊姊請家教的，可以想成是姊姊有不拿手的科目，不得不請人指導。

不過從整體看來，姊姊是個相當認真的人，成績似乎也不錯。媽媽擔心討厭讀書的懶惰鬼小丸子，也曾請姊姊幫忙教小丸子功課，並支付一個月三千圓的酬勞。聽到媽媽說只要小丸子成績進步就會調漲薪水，[⑨98]受到金錢誘惑的姊姊於是更嚴格地鞭策小丸子，然而別說是進步，她根本拿小丸子沒輒，只當兩天的家教就辭退了。媽媽打的如意算盤就這樣[⑨110]化為泡沫消失不見。

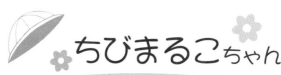

☆被女兒同情男人運不佳的媽媽

對於一手拿著啤酒，一屁股坐在電視機前獨占轉臺大權的蠻橫老爸，而感到怒不可遏的小丸子，跑去對在廚房準備下酒小菜的媽媽說：「算了吧！根本不需要為那種人這麼費心！」這裡所謂的「那種人＝壞男人」與「媽媽竟然要為那種人這麼費心」的說法，完全是以小丸子個人的主觀意識為依據。

雖然爺爺也大表贊成小丸子的這番話，但這是因為被爸爸轉換頻道到棒球直播，看不到《神探可倫坡》結局而產生的私人怨念，算不上在指「爸爸媽媽的感情狀態」。

那麼，「兩人真正的感情狀況」到底如何呢？在第9集〈足球少年健太〉篇中，描述到小丸子對家人提起同班同學健太，一頭埋入足球的世界並拚命地練習的事。於是，小丸子說自己受到健太啟發，對浪曲燃起熱情，正在向爺爺學習浪曲的時候，問了一句：「爸～你對什麼事情

⑩
47

有熱情？」

爸爸回答「酒」。還說「我要把一生都奉獻給酒」。

聽到爸爸的這句話，媽媽露出了一副難以言喻的表情，特寫佔滿整整一格的版面，而旁白則是寫著「將人生奉獻給酒的男人——宏志。身為這種男人的妻子值得嗎？」⑨47 根據這段旁白，似乎能夠將兩人的關係定位成，一位是視酒為生存意義的沒出息男人，一位是身為那種男人的妻子、辛苦永遠無法獲得回報的可憐女人。不過，作品中並沒有清楚地交代這句旁白是來自於小丸子的感想，亦或媽媽的心聲。因此，也不能說這句話指出兩人真正的感情狀況。但假設真是媽媽的心聲，果然也還是跳脫不出個人主觀意識的範疇。

能夠以最客觀的角度看待這兩個人的就是姊姊了。總是相當冷靜的姊姊所做的觀察，在櫻家可以說是可信度最高。

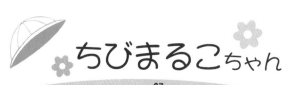

當小丸子詢問姊姊「媽媽的男人運好嗎？」的時候，姊姊曾經一針見血地回答「看來是抽到下下籤了」⑦26。另外，當雙親因為吵架發展到考慮離婚的地步時，姊姊則是選擇有經濟能力的爸爸⑦132。即使她並不認同爸爸身為男人的價值」，但拿如此的父母相比之下，她似乎將媽媽視為「抽到下下籤、沒男人運的女人」。

同性的評判是相當嚴厲的，不過，與其說女兒以極為嚴苛的標準看待媽媽的擇偶眼光，倒不如說媽媽完全被女兒（姊姊）所同情。

☆ 爸爸與媽媽是自由戀愛而結婚？

雖然遭到女兒同情，不過令人好奇的是小丸子的父母是相親結婚，或是自由戀愛？

媽媽的娘家就在靜岡市。靜岡市與清水市搭電車只要二十分鐘的車程。假設媽媽是以前當ＯＬ的時候，在通勤時的電車或街上的咖啡廳裡認識了爸爸，都是有可能發生的。

從距離看來，兩個人確實有可能自由戀愛的，當然也有可能是相親結婚。

在第7集扉頁的登場人物介紹中提到，爸爸的年齡與媽媽一樣都是四十歲。搞不好兩人曾經是高中時期的同班同學。如果是相親的話，大多數較重視形式，所以無論是在身高、學歷或年齡方面，媒人考慮男性的條件通常都會比女性稍高或稍長。

既然兩人同齡的話，戀愛結婚的機率自然比相親高。

爸爸四十歲一事，可透過第1集後面的「我們家很貧窮」卷末漫畫小劇場得知。

時間為1984年，九歲的小丸子（即桃子）轉眼間也十九歲了。換句話說，已經經過十年的光陰。桃子對跟女兒說上話就高興地眉飛色舞的爸爸，下了「啊啊～五十歲的老頭子」的評語[①124]，並對說要睡在暖爐桌前的爸爸說「爸爸也真是的，長到五十歲還是一樣任性」。[①128]

甚至在〈只不過是去跳個迪斯可〉一篇中，對把「迪斯可」說成「迪斯口」的爸爸，說「果然是昭和個位數年出生的古早人」。[①153]

因此，我們似乎能夠推敲出，爸爸與媽媽都是昭和個位數年出生的世代，談著笨拙卻又認真的戀愛而結為連理。

不曉得真相又是如何呢？

☆興趣是釣魚，職業不詳的爸爸

小丸子的爸爸名為櫻宏志。爸爸的名字是在（如果本研究會沒看漏的話）第４集真相大白的。

小丸子一直向爸爸撒嬌，說想要飼養文鳥，但爸爸以照顧小鳥很辛苦為由而拒絕。就在這個時候，小丸子口出惡言地對爸爸說：「真是太狡猾了！其實你是叫做櫻狡猾宏志吧！」

④
25

儘管我們可從這裡得知，爸爸確實叫做櫻宏志，以防萬一再加上一段說明。在同樣第４集的土龍騷動篇中，當小丸子對爸爸說她抓到土龍賺大錢後，要雇用一名專屬司機給爸爸時，出現「宏志心想『這樣子似乎也不賴』」的旁白。因此，可以百分之百地確定，小丸子的爸爸叫做宏志[15]。

15 由於原書日文是用片假名，而日文發音 HIROSHI 的中文則可譯為宏志、廣志。

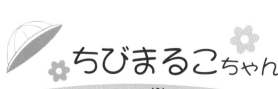

順帶一提，在描述寅次郎[16]人生的喜劇電影中，有名為「博」（HIROSHI）與「櫻」（SAKURA）的角色，而在《櫻桃小丸子》中則是「宏志」（HIROSHI）與「堇」（SUMIRE）。雖然兩部作品一點關係都沒有，但說穿了，唯一的共通點就是兩對皆為典型的日本夫妻。

我們能夠從小丸子所說的話得知爸爸會開車的事實，不過爸爸到底是從事何種工作呢？

本研究會發現，其實根本無從得知爸爸的職業。作品中從來沒有出現爸爸出門去上班或是下班後回到家的情景，也沒看過爸爸穿西裝打領帶的模樣。

看來他似乎並非一般的上班族。跟小丸子說話時，偶爾又會爆出一 ④67
些誇張的用語，不會使用白領階級的措辭。真相到底是如何呢？ ⑨47

本研究會在漫畫作品中發現一條線索。就是當爸爸說要去吃法式料
理時，小丸子一臉不敢置信地大叫嚷嚷著：「難不成是炒股票賺大錢了 ⑤78
嗎？」也許小丸子的爸爸是職業股民吧？

16 男人真命苦系列，由日本松竹電影製作，是多達四十八部的長壽電影。

不過我們研究會早就知道小丸子家其實是經營蔬果店的。

在集結成單行本後出版的《櫻桃小丸子》裡，有標題為〈漫畫附贈頁〉或〈溫馨小劇場〉的小短篇漫畫。看過這些之後，便能夠更加瞭解小丸子。不過，藉由看這個部分來瞭解小丸子或小丸子的家人，套句小丸子的話，不就是「旁門左道」嗎？所以，本研究會希望在不透過作者視角或感情、說明等要素的情況下，好好地陪伴著在《櫻桃小丸子》作品中活靈活現的小丸子，進而瞭解她的一切。

因此，即使作者在〈漫畫附贈頁〉有明說「其實我們家是蔬果店，但是與故事情節無關，卻得在每一話都描繪店鋪實在有點麻煩，所以才設定在普通的家裡。」本研究會仍然選擇了忽視。

更何況，透過作品內容進行推敲有趣多了。一邊好奇地猜想小丸子的爸爸到底是從事什麼職業，一邊翻看比較有趣，而且也會提升對爸爸的關注。

於是乎，我們品川小丸子研究會在此宣布，小丸子爸爸的職業不詳。

⑦
76

雖然不知道爸爸的職業為何，不過可以從作品中得知爸爸的興趣。

正如同前面所述，爸爸喜歡喝酒，也喜歡棒球，是巨人隊的超級大粉 ⑩59
絲。一邊喝酒一邊看電視的棒球直播，似乎是他最享受的時光。 ⑩44 51

爸爸還有另外一項興趣。深奧的程度一點也不輸給小丸子的盆栽興趣，同時還是有十足「爸爸」味道的氣派興趣——就是釣魚。

在家裡閒來無事就會翻閱釣魚相關書籍，新年期間全家人聚在一起 ③33
玩花牌時，也只有他獨自一人轉過身去，看起《釣魚情報》。 ①78

只不過，作品中從來沒有描繪爸爸去釣魚的篇章，只有看到爸爸帶 ⑦139
著小丸子去河堤釣魚的單一畫面而已。

☆與小丸子很親近、寵愛孩子的爸爸

小丸子與爸爸會一起泡澡、手牽手去鬼屋玩，感情相當融洽。⑩65 ④66

除此之外，也會有小丸子與爸爸玩耍嬉鬧、向爸爸撒嬌的畫面，小丸子甚至會當著爸爸的面說——①63

「光只會放瓦斯[17]，關鍵時刻卻一點用處都沒有。」

如此直言不諱。光從這一點就能夠明白，小丸子與爸爸感情好到彼此之間毫無顧忌。小丸子會說出這麼不客氣的話，除了是爸爸刻意讓著小丸子之外，也能夠讓人感受到爸爸的寬宏大量。

當爸爸與媽媽大吵一架鬧離婚的時候，儘管小丸子早就下定決心要跟打算離開家裡的媽媽一起走，但真正發展到整理行李的地步時，小丸子凝望著坐在客廳的爸爸的背影，回憶起曾經跟爸爸玩「飛高高」、一起去釣魚，以及戲弄貓咪的種種過往，忍不住淚流滿面。⑦139

17　一般都是說「放屁」，不過在靜岡似乎是說「放瓦斯」的樣子？

於是，小丸子哭哭啼啼地說：「我也最喜歡爸爸了。人家實在沒辦法做決定啦！」

宏志雖是酒鬼，卻也是個相當寵愛孩子的好爸爸。

☆手握轉頻道大權的小丸子爸爸最偉大！

作者櫻桃子曾經對小丸子的爸爸下了「怕麻煩、個性迷糊」（第2集的「登場人物」）或「游手好閒的人」（第3集的「登場人物」）的評語；在第4集則是說「完全沒有說服力」；第8集甚至說「懶散度日的男人」等等，可以說是毫不留情面啊。

的確，爸爸喝得醉醺醺的時候相當多，還會被小丸子說「光只會放瓦斯，關鍵時刻卻一點用處都沒有」，甚至也曾遭到全家人刻意忽視。

新年時，爸爸沒有答應小丸子玩花牌的邀約，但完全出乎他意料之外的是，其他家人全部都答應要玩，並且熱鬧地大喊「青短」或「豬鹿蝶」等的花牌術語，玩得不亦樂乎。

爸爸打開電視後大聲喊：「節目好好看喔～」想藉此吸引大家的注意力，結果眾人卻毫無反應。

過了好一陣子，從沒拉上的客廳紙門縫隙間，傳來小丸子的聲音，

①79

宏志原本以為是找他過去玩——

「爸~想吃七草粥[18]的話，就過來吧。」

竟是如此冷淡的邀約。

如此這般，看似無法融入家人的爸爸，其實有著「爸爸最偉大」的刻板觀念。因為，他無論如何都不願意把電視的頻道大權讓給家裡的小鬼（也就是小丸子）。如今的世道，無論是電視節目或晚餐菜色都是以孩子為主，爸爸們在家裡的地位漸漸遭到忽視。甚至有所謂的「上班族拒絕回家症候群」大肆蔓延。在這般情況下，小丸子爸爸展現出來的強硬態度，在某種層面上也可以說是相當了不起。

「我最討厭壞心眼、一點都不體貼別人又蠻橫的爸爸了！」小丸子如此哭鬧地大吼，可見得在孩子的心裡，爸爸確實有著一定的威嚴。

透過掌控電視頻道大權守護父權的爸爸，真是太偉大了！

⑩
45

18 日本會在新年期間吃以七種蔬菜與白米煮成的粥，據說會替一家人帶來好運。七草則為水芹菜、薺菜、鼠麴草、鵝腸菜、稻槎菜、蕪菁與白蘿蔔。

☆小丸子與姊姊是「賢姊愚妹」的最佳範本？

全天下的家長都經常會將——

「你們兩個實在不像是同一對父母所生的小孩耶。」這麼一句話掛在嘴邊。

這是對於兄弟姊妹彼此之間的個性、喜好，差異有如「天差地遠」的地步時，家長半是無奈半是感嘆的臺詞。

通常會說出這種話，大部分的情況都是其中一個人能力較差，或被貼上「差勁」的標籤。

雖然先出生不一定比較聰明，也不一定比較了不起，但是哥哥或姊姊能力比較差的話，無論是家長或是當事人都會難以立足。這種情況即稱為「愚兄賢弟」，而小丸子家則是典型的「賢姊愚妹」。

作品中不乏能夠證明小丸子總是貪玩、作事馬虎的證據。連載才剛開始沒多久，小丸子就被堆積如山的暑假作業追著跑，還動員全家人幫

①18

她寫二十八天份的日記；寒假時還把透過電話聯絡網，通知下一位同學「明天就要開學了，記得帶兩塊抹布來學校」的聯絡事項，完全忘得一乾二淨；年底時，把媽媽交代「幫我拿去寄」的賀年卡留在紅色的手提 ⑦57
袋裡，忘記拿去投遞。以上種種皆完美地呈現出，能幹姊姊與懶散妹妹的差別。

提起這兩個人對比最強烈的一面，應該就是「懶惰鬼」VS「勤奮 ①62
家」，以及「邋裡邋遢」VS「一絲不苟」吧。

舉例來說，家庭訪問那一天，姊姊早就將自己的書桌及周遭環境整理得乾乾淨淨，小丸子卻又把房間弄得亂七八糟，到處散亂著書與筆記 ②7
本、點心零食、帽子、玩偶、手帕、枕頭，甚至還有襪子等的雜物。姊姊則被開門瞬間映入眼簾的驚人光景嚇到失去分寸，不由得嚎啕大哭起 ②12
來。使得姊姊與媽媽在班級導師面前出糗。

儘管如此，也沒辦法拿這一點責備小丸子。因為小丸子並非單純的「邋裡邋遢」，而是秉持著「喜歡把東西散落四處」的個人原則。尤其 ②11
是冬天喜歡窩在暖爐桌裡，所以她認為最理想的狀態是，把一切需要的

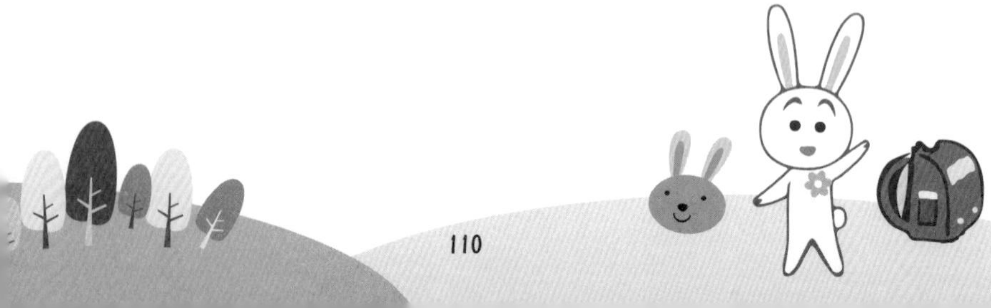

物品散放在從那個位置能夠拿到的範圍內。小丸子還真是個不折不扣的點子王呀。

因此，無論姊姊多麼憤怒、怎麼責備小丸子：「還不快把房間收拾乾淨！」小丸子依然秉持——「亂七八糟的比較方便嘛」如此的主張，甚至回說「想收拾的人就收拾啊」，絲毫不為所動。⑦93

更誇張的是，小丸子也完全無懼於姊姊更加嚴厲的批判。

小丸子將零用錢全部花在紙板戲而遭到媽媽責罵時，假哭想要博取媽媽的同情心，但看穿小丸子詭計的姊姊則是這麼說：

「小丸子實在太得寸進尺了。才剛挨完罵又立刻得意忘形、嬉皮笑臉的，根本就是在敷衍人嘛。這種態度看了就讓人火大！」⑩153

不過，小丸子也不甘示弱地立刻回嘴：「有什麼關係！這就是我的生存之道嘛！」

「在生氣的人如果能夠被安撫過去，因而露出笑容的話，這個世界就天下太平了！」小丸子同時也如此主張。

九歲的少女，竟然擁有如此驚人的人生哲學！

小丸子並非單純的玩世不恭。而是訓練有素的容易得意忘形、意志堅定的懶惰蟲。

其實，本研究會實在很想大力讚揚，作者「櫻桃子」寄託在少女漫畫中的自知與自我批判的精神。但本書目的在於探究《櫻桃小丸子》的祕密與魅力所在，而非「櫻桃子」，所以在此以櫻家姊妹並非「賢妹愚姊」，而是「賢姊愚妹」之結論為本章畫下句點。

☆日薪制的小丸子與月薪制的姊姊

由於小丸子是個貪心又愛亂買東西的人，經常為了零用錢不夠用而大吵大鬧。姊姊似乎就會乖乖地存起一部分的零用錢，有時候也會借錢 ⑥7
給小丸子。 ①72

那麼，小丸子與姊姊的零用錢到底差了多少呢？

小丸子每天都會得到日幣三十圓的零用錢。

母親節時小丸子想送包包給媽媽當禮物，不過一天只有日幣三十圓 ⑥8
根本不夠，所以曾經發牢騷地說至少也要五十圓。另外，小丸子的壓歲錢曾經在媽媽「那我就不給妳一天三十圓的零用錢了」的威脅之下，遭 ①75
到沒收。由此可知，小丸子是每天領三十圓的日薪制。

不過姊姊是月薪制。媽媽跟姊姊提起當小丸子家教的事情時，姊姊因為一個月零用錢是三千圓，再加上家教的月薪是三千圓，每月總收入 ⑨98
為六千圓而心花怒放。

但是要小丸子每天都乖乖地坐在書桌前，簡直就是不可能的任務，因此月收入為六千圓的美夢不久後即破滅，姊姊又恢復成每個月的零用錢是固定的三千圓。

小丸子與姊姊差了三歲，零用錢一個月則有二千一百圓的差距。雖然覺得零用錢的差距與年紀相比之下，落差太大，但是更不公平的是日薪制與月薪制的差異性。

不過，也許站在家長的角度，會覺得這是天經地義的事情。如同本章開頭所述，愛亂買的小丸子曾經把全部的零用錢都投注在紙板戲上。媽媽一定是評估過，不能一次就把一大筆錢給每當有想買的東西時，理智就會斷線的小丸子（雖說是一大筆錢，但其實也不過是日幣五百圓、一千圓）。

小丸子與姊姊個性上的不同，媽媽也相當實際地反應在零用錢的支付方法上。

⑩
151

☆擅長料理的賢妻良母型姊姊

姊姊雖然只是國小六年級的學生，卻很擅長做料理！

與小丸子不同，姊姊既不曾忘記寫作業，也很喜歡看書。因此，經常看到姊姊坐在書桌前，似乎比較少看見姊姊當媽媽的小助手，在廚房做料理的畫面。

⑥扉頁

不過，當姊姊與小丸子兩個人獨自看家時，姊姊下廚煮了咖哩飯。因為姊姊當時說「我去買煮咖哩的食材」，所以能夠確定她並不是用咖哩調理包敷衍了事。

④75

不僅如此，母親節時，姊姊更是為了媽媽大展身手。菜單有三明治與焗烤、甜點。穿著圍裙的模樣也相當俐落，還派小丸子當助手，並完美地順利完成料理。最後，在餐桌擺上花瓶裝飾，一邊說著「鏘鏘鏘～」一邊迎接媽媽的到來。想必媽媽除了能夠好好地享受滿滿一桌的豐盛料理之外，也對姊妹兩人相親相愛、齊心協力做料理

⑥15

的事情，感到相當欣喜與幸福吧！

不管在任何事物上都相當極端的這對姊妹，其實血型都是A型。據說A型人很懂得體貼他人，喜歡服務他人，總是會替周遭帶來歡笑，而這點可從小丸子身上看得一清二楚。姊姊則會為了想要幫助他人而燃起使命感。似乎也展現出將來姊姊會為了丈夫、孩子，辛勤地下廚、洗衣的賢妻良母一面。

順帶一提，小丸子的父母也都是A型。小丸子與爸爸是屬於好吃懶做派，媽媽與姊姊則是屬於勤奮不懈派，看來櫻家人似乎正好代表了兩種極端的A型人。

☆小丸子與姊姊其實感情很融洽

小丸子與姊姊無論在任何方面都是正反兩極。

從自稱是「容易為小事滿足」與「迷糊鬼」的小丸子的角度看來， ④⑤扉頁
姊姊是個「冷酷無情的女人」。 ⑨扉頁

看到不久前才在鬼屋嚇到差點暈倒，一把鼻涕一把眼淚地哭著回到家的小丸子，仍然沒學到教訓，受到電視節目的妖怪特輯吸引，姊姊便挖苦地說了一句：

「明明這麼膽小，還愛亂看這種東西。」能夠以如此客觀的態度對 ④73
待自己的妹妹，這位姊姊果然冷酷無情。

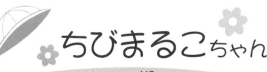

當小丸子把零用錢全部花在紙板戲上，被媽媽大罵：「妳再這樣亂花錢的話，我就不給妳零用錢了！」的時候，小丸子立刻擺出楚楚可憐一副深深反省的模樣，因為演技太好，連媽媽都被她給唬弄過去，忍不住心生憐憫地抱住小丸子說：「小丸子，沒事了啦。」順利獲得媽媽的

原諒。不過在一旁冷靜的姊姊卻完全沒有上當。

「媽媽，不可以被小丸子騙了」姊姊機警地說。姊姊一一列舉出小丸子平日用來哄騙別人的慣用手法，結果小丸子落得被媽媽處罰，沒收一星期零用錢的下場。⑩152

若是姊姊不從中作梗的話，小丸子就能夠成功騙過媽媽。所以，不會被感情沖昏頭的姊姊，在小丸子的眼裡是個有著「冰冷視線、冷靜，而且冷血無情」的人。

但是，其實這對姊妹的感情相當要好。不只每天早上都會一起上學，在途中看到山茶花的花苞時，還對彼此說期待花開的那一天到來。③37

小丸子對姊姊懷抱著景仰之情，可以從即使要小丸子穿姊姊的舊衣服，她也不會抗拒的這一點得知。被好朋友小玉誇獎：「妳身上的毛衣好可愛喔！」只見小丸子一臉開心地回答：「這是姊姊的舊衣服。」

原本還以為小丸子會賭氣地回答：「哼！反正我就是這樣子，每次都得撿姊姊的舊衣服穿。好歹也該把筆記本讓給我吧！」因為，兩人前一天還在家裡為了爭一本筆記本大吵一架，連當天早上也是各自分開去 ③26

上學的。

但後來小丸子從教室的窗戶看到六年級在跑接力賽，不禁在意起姊姊，完全無視老師正在上課。果然不出所料，姊姊跑到一半時跌倒了，而在意姊姊的小丸子則是被老師警告上課時不可以東張西望。

小丸子就是這麼重視姊姊。

姊姊也不例外，很會替小丸子著想，其實她這陣子都在暗地裡編織要送給小丸子當聖誕禮物的圍巾。

到了聖誕節當天，姊姊將織好的圍巾與小丸子非常非常想要的筆記本，送給了小丸子。

然而，那本筆記本其實後來又被小丸子偷偷惡作劇，在姓名欄寫上大大的「笨蛋」兩個字。

這正是不折不扣的自食惡果報應，當時小丸子則是心虛地認為，「笨蛋」兩個字簡直就是在說她自己。

③
41

☆姊姊的名字叫做「幸子」？

小丸子家有爸爸、媽媽、姊姊與小丸子，再加上爸爸的雙親，總共六名家族成員。

每每隨著《櫻桃小丸子》的故事發展，就越清楚每位家族成員的個性與年齡、名字等資訊。卻一直無從得知，奶奶的名字、年齡與姊姊的名字。

櫻桃子本人也在登場人物的介紹中，提出奶奶是個「存在感薄弱」或「鮮少出場」的人，所以名字、年齡不詳也是無可奈何的事。不過，姊姊與小丸子之間的對手戲很多，姊姊活躍的程度其實也符合第二女主角的等級，卻從未正式公布名字！雖然，夏目漱石的《吾輩是貓》一書中的主角也沒有名字，但牠可是貓咪。「我是小丸子的姊姊，不過還沒有取名……」身為人類的姊姊也未免太可憐了吧——就在大家這麼想的時候，出現了一道曙光……終於發現能夠知道姊姊名字的線索。

把全部的零用錢都花在紙板戲上，惹得媽媽大怒的小丸子，因為姊姊的妨礙（小丸子本人是這麼認為），導致小丸子被罰停發一星期的零用錢。就在這個時候，小丸子為了填補零用錢的缺口並想要報復姊姊，把最新一期的《RIBON[19]》賣給班上的冬田同學。其實這本《RIBON》裡夾著一張收件者為「煩惱諮詢室」的明信片。姊姊在那張明信片裡寫下「與投機取巧的妹妹相比之下，做任何事都不得要領的我老是吃虧，甚至也不敢向心儀的男生告白」，毫無隱瞞地對一条由香莉老師傾訴內心的煩惱。因為太難為情不敢寫本名，所以姊姊在那張明信片使用了筆名——也就是「小幸」（SACCHIN）。

⑩ 154

以犯罪心理學的角度來說，不，並不是要把姊姊當成犯人看待，只不過會想使用假名的情況，一般來說並不會取完全不同的名字。大多會變更自己部分的名字，或是拆解文字來使用。因此，也不難想像就讀小學六年級的姊姊會選擇變更自己部分的名字，而不是巧妙地使用拆解文字。

19　日本集英社發行的少女漫畫雜誌，《櫻桃小丸子》為其中一部連載作品。

那麼「小幸」（SACCHIN）到底是「幸子」（SACHIKO）、「幸枝」（SACHIE），還是「幸代」（SACHIYO）呢？既然小丸子的本名為「桃子」，所以能推測姊姊也是以「子」結尾的「幸子」。真相到底如何呢？

哎呀，雖然也有人提出姊姊的名字既不是「幸子」也不是「幸代」的意見。但是媽媽叫做堇，小丸子本名為桃子，都是與花有關的名字，想必姊姊的名字也是以花命名的，絕對錯不了。

事實上，除了投稿至《RIBON》的明信片之外，番外篇有更加有力的線索。

第1集的〈令人憧憬的鼻血〉篇中，描述到體弱多病的姊姊經常流鼻血，令媽媽相當擔心。這一篇是在敘述櫻桃子很羨慕姊姊總是能夠得到媽媽溫柔的關懷，故事中媽媽就是稱姊姊為「小咲」（SAKI）。

換句話說，「小幸」並不是「幸子」也非「幸代」，而是從「咲子」（SAKIKO）或「咲江」（SAKIE）得來的。如果「SAKIKO」漢字是寫成「咲子」的話，就會是堇、咲子與桃子。母女三人的名字皆與花

①
132
133

相關，似乎也比較合乎邏輯。

儘管本研究會在此研判姊姊的名字為「咲子」，但也很期待姊姊的名字在本傳中獲得正式公開，而我們也會持續關注今後的《櫻桃小丸子》。

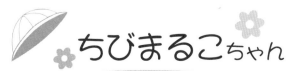

☆興趣多元，卻不受俳句之神眷顧的爺爺

小丸子與爸爸的雙親住在同一個屋簷下。 ⑩52

小丸子的爸爸還有個名為一郎的哥哥，會送新茶給他們。但是，為什麼小丸子的爺爺與奶奶不是跟這位長男一起生活呢？這個謎題完全無解，也沒有任何足以做為線索的蛛絲馬跡。

爺爺的名字叫做友藏，奶奶的名字不清楚。 ⑤23

爺爺曾把七夕許願竹當成聖誕樹，掛上寫有「希望長命百歲」的心願短箋。當小丸子與小玉，兩個人製作象徵友誼的時光膠囊並討論要在二十年後打開時，爺爺則在一旁喃喃自語地說：「二十年後的話，我就 ⑩6 九十六歲了……想必也……」因此才得知爺爺當時的年齡為七十六歲。

爺爺的內褲是以兜襠布圍成的（有一張照片是爺爺在新年時因為太 ⑧99 開心而跳起裸舞[20]的模樣，當時爺爺就是僅穿兜襠布）。儘管有人會心

20 男士們僅著稱為褌的兜襠布所跳的舞蹈，通常是在賞花、宴會、慶典等特別日子才會表演。

想，就算爺爺再怎麼年長，這個年代不可能還有人在穿兜襠布吧。但是，既然爺爺是出生於明治時期，那麼他穿兜襠布就說得通了。原本擔心爺爺會是超級偏激的愛國主義思想者的不安也消除了，真是萬幸。

不過，為了爺爺的名譽在此聲明一下，爺爺在新年時不只有一味地大跳裸舞，也有表演腹語術。雖然，我們無法得知爺爺「舞功」有多麼精湛，或爺爺的表演是否受到大家青睞就是了。 ③58

除此之外，爺爺也會表演都都逸與浪曲。小丸子喜歡落語，恐怕也是受到爺爺的影響吧。雖然小孩子會都都逸這種傳統表演，不一定意味著「家裡有年長者」，但小丸子會這些技藝，百分之百是與爺爺同住的緣故。因此，我們也能夠知道，爺爺是個擁有多元興趣的人。 ⑥94 ⑨46

更甚者，爺爺還有個高尚風雅的嗜好，就是「心之俳句」。 ⑧126

所謂心之俳句，並不是在短箋上洋洋灑灑地寫下俳句[21]，而是暗自在心中吟詠內心的感動或感嘆，所以旁人無從得知其內容。

因為這些心之俳句都是突然吟詠出來的，站在讀者的角度，有時候

21 日本古典短詩，由五、七、五之十七字音組成，句中必須有季節用語。

ちびまるこちゃん

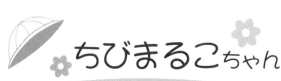

會相當驚訝，但根據爺爺本人的說法則是「我可是長年以來都在挑戰創作心之俳句呢」。看來爺爺的俳句資歷相當悠久。

縱使爺爺長期創作俳句，卻不受俳句之神的眷顧。面對小丸子所作的俳句，爺爺立刻遭到一股強大的挫敗感侵襲。

小丸子所創作的俳句為——

父之兄長帶新茶上門拜訪。

如此這般。被這一句給深深震懾的爺爺則是——

吾之俳句，竟然不比孫女佳。

並老淚縱橫，深深地領悟到自己沒有創作俳句的天賦。

不過，本研究會希望能夠將爺爺長年累月、一點一滴地累積下來的俳句保存下來，所以特別編輯成俳句集錦。此一俳句集錦之名稱是仿效那位知名的俳聖芭蕉，姑且稱之為《腰蓑[22]》吧。

⑧ 144

22 原作為《猿蓑》，由向井去來與野澤凡兆所編，並由松尾芭蕉監修。書名來自於芭蕉所詠之俳句而來。此書為譽為「蕉門」最高句集傑作。

腰蓑——友藏「心之俳句」集

垂垂老矣，孫女之頭皮屑亦覺美不勝收。 ⑧ 126

或許即便是灰塵也美不勝收，老夫如是想。 ⑧ 126

喝罷新茶，孫女言茶味不如先前佳。 ⑧ 139

吾之俳句，竟然不比孫女佳。 ⑧ 144

老夫所期望的，是既鬆軟又美味的東西。 ⑨ 25

炎炎夏日擊退蟑螂，汗水淋漓。 ⑨ 70

滿月呀，不停流逝已多少歲月了。 ⑨ 90

一思及年輕歲月的妳，便令我不禁羞紅臉。 ⑨ 115

為何就是說不出口，其實老夫也不清楚。 ⑨ 135

看到火災，吾心也暗自警惕小心火燭。 ⑩ 33

感動的淚水實在美麗動人。 ⑩ 64

☆ 氣質高尚又風雅的外公

除了生活在同一個屋簷下的爺爺、奶奶之外，另外還有家住靜岡的外公、外婆。

小丸子住在靜岡縣清水市。而母系的祖父母則是居住於靜岡縣首府——靜岡市。 ③89

當小丸子的父母吵架時，媽媽曾經說「總之先去靜岡吧」，換句話 ⑦131
說，媽媽的娘家就是在靜岡市。

靜岡市距離清水市搭電車只要二十分鐘的車程，雖然比「端熱湯過去也不會變涼的距離」遠，但也不是很遙遠。所以，小丸子才能夠在放 ⑩93
學回家後，繞去外公、外婆家玩。

住在靜岡的外公，不若爺爺友藏這般禿頭，他有著一頭茂密的白髮 ③109 ⑩93
以及山羊白鬍，平日總是穿著和服，外表看起來很有氣質。

興趣是盆栽，比友藏的「心之俳句」更加深奧。因為小丸子很想看

外公細心呵護的盆栽，所以放學後常跟媽媽一起來到外公外婆家。

年輕人鮮少有人會對盆栽產生興趣。然而，就讀國小三年級的孫女竟然喜歡盆栽，還為了看盆栽上門拜訪。站在外公的角度，想必會覺得小丸子可愛得不得了吧。

⑩94

如此這般，即使爺爺與外公呈現兩極化的對比，但小丸子與他們都相處得很融洽。無論是與爺爺友藏一起嬉鬧的小丸子，或是與靜岡的外公一同欣賞盆栽的小丸子，她對待兩位祖父的態度也相當公平，不會偏袒任何一方。

不過，也許友藏會暗自在心裡與靜岡的外公較勁也不一定。

⑩95

爸爸評論喜歡盆栽的小丸子「真是奇怪的興趣」，友藏則是誇獎「小丸子明明是個孩子，卻很有品味呢」，但他無法立刻回答不懂「品味」之意的小丸子，慌張地冷汗直流。雖然小丸子沒等爺爺回答就轉移話題了，但爺爺仍然相當認真地思考該如何回答，該如何讓小丸子明白「品味」的意思。

只見爺爺將手工染的圓點長巾卷起來綁在頭上，穿上印有「祭」字

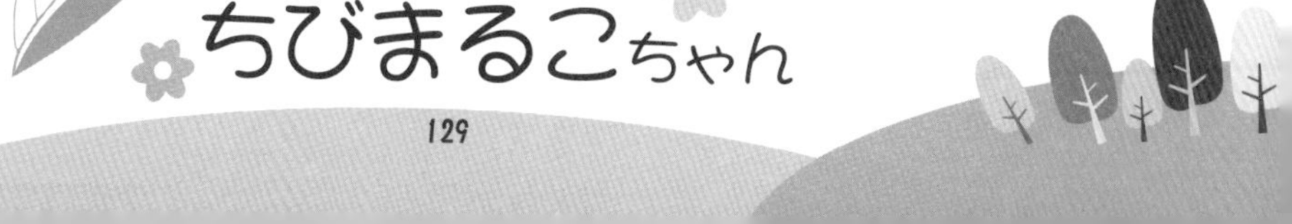

樣的短外袍，手裡拿著稱為「纏[23]」的旗幟現身於小丸子面前，誇張地向小丸子展現「這就是所謂的品味」。

於是，平日存在感很薄弱的奶奶說了一句話：

「老頭子，你會錯意了。這個比起品味，更接近江戶男子漢吧。」

沒想到會遭到奶奶如此反駁的爺爺，頓時尷尬無比。

偶爾爺爺還會熱心地對小丸子做出原本根本不需要做的事，但只換小丸子的嘲笑，想必在他內心深處，有著對靜岡的外公暗自較勁之意。不過，也許是本研究會解讀過頭了吧。

又，在第4集中曾描述到靜岡的外婆病倒了，小丸子的爸媽立刻趕（④72）過去的片段。但是，在那之後的故事，外婆的身體則是相當硬朗，小丸子每回為了看盆栽跑去玩的時候，外婆也是活力十足地迎接小丸子與媽媽的到來。

23 江戶時代的消防隊所使用的旗幟。每個隊伍皆有屬於自己的圖案與款式。

☆令小丸子也甘拜下風的堂弟——廣明

小丸子也有堂親。

名為明美與廣明，目前住在神奈川縣。

姊姊明美今年七歲，弟弟廣明則是五歲。七五三節[24]（即為11月15日）當天，為了讓爺爺與奶奶看看自己盛裝打扮的模樣，便從神奈川來到小丸子家。

會特地在七五三節時來拜訪爺爺奶奶，想必他們兩人是爸爸家族這邊的親戚。

也許是排行在一郎與宏志之間，或比宏志年幼。雖然無從得知對方到底是男是女，總而言之，想必明美與廣明的雙親，其中必定有一人是友藏爺爺與奶奶的孩子，家住神奈川。

24　過去由於環境與醫學不發達的關係，兒童的死亡率相當高。七五三節便是為了感謝神明，能夠讓小孩子平安長到三歲、五歲、七歲的節日。父母親會幫孩子穿上華麗的和服，一同前往神社參拜。

①37

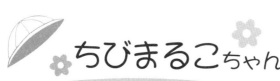

正所謂血緣不會騙人，廣明是個喜歡惡作劇的任性小鬼，就連調皮搗蛋的小丸子也拿他沒辦法。

但是廣明其實擁有一顆體貼姊姊的心。我們也能夠從他送千歲糖給小丸子當伴手禮的貼心舉動，看出他是個溫柔的男孩子。這一天是小丸子與許久未見的堂親好好交流的日子。

接下來，在此以淺顯易懂的族譜圖，介紹一下截至目前為止登場過的櫻家成員吧。

這就是櫻家！

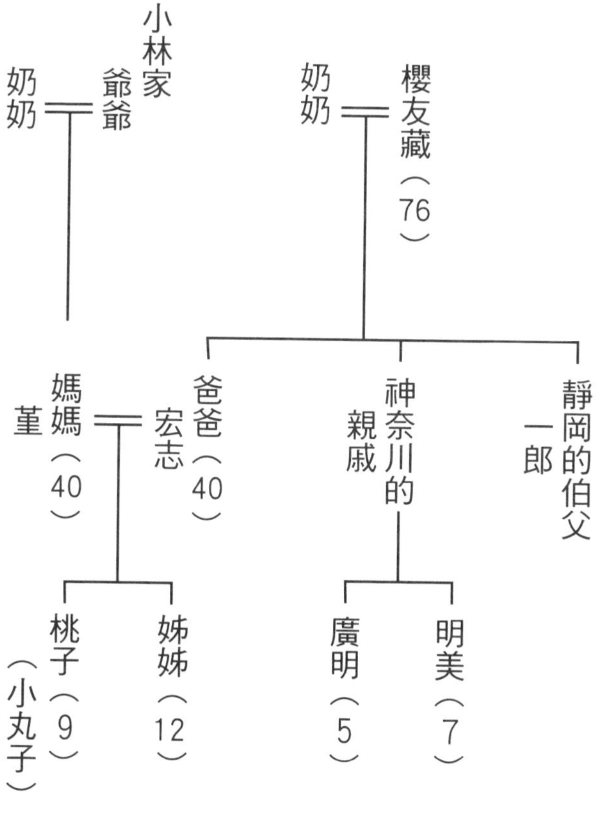
小林家
爺爺
奶奶
櫻友藏（76）
奶奶
爸爸
宏志（40）
媽媽
菫（40）
神奈川的
親戚
靜岡的伯父
一郎
姊姊（12）
桃子（9）
（小丸子）
明美（7）
廣明（5）

第5章

櫻家的家居生活

ちびまるこちゃん

☆ 透過花牌一家同樂的櫻家

小丸子家過新年時，會團聚在一起玩花牌。

會玩花牌的家庭也許不覺得有何不妥，但花牌是能夠正式抬上賭檯的賭博方式之一，所以應該有不少家庭會驚訝，竟有人會在家裡玩。

不過，小丸子一家可是次郎長出生地的正港清水人，一家人一起玩花牌同樂再自然不過。一家人熱熱鬧鬧地喊著「青短」、「豬鹿蝶」、「月見一杯」等的聲音此起彼落。

除了花牌之外，小丸子家每逢新年就會有不少大人與小孩同樂、互相交流的活動。

新年時，以那個狂妄的廣明一家人為開頭，接著是爺爺朋友的孫女——吉川綠子來訪。首先就是集合所有小朋友，玩起競技歌牌[25]。接

25 歌牌為日本過年時的傳統紙牌遊戲，分別有一百張的「詠唱牌」和一百張的「奪取牌」，合起來就是一百首和歌。

①78

下來，是笑福神[26]、雙六遊戲[27]。然後，媽媽煮好了年糕湯，大家一邊「吁吁」地將熱騰騰的年糕湯吹涼一邊享用。吃完之後，名為良雄的年輕人約大家一起玩《人生遊戲》。大夥兒兩兩一組愉快地玩遊戲時，眼睜睜地看著自己一下子賺大錢、一下子經商失敗、一下子又出人頭地或一敗塗地，不知不覺間越玩越起勁，最後氣氛甚至變得相當尷尬。

之後大家改玩撲克牌，當大家開始略顯疲態時，大人們便開始喝起酒來。於是，在此分為成人組與兒童組，各別進行活動，最後在聲援才藝表演者，小丸子的鼓掌聲之中，櫻家再度搖身一變為活動表演會場。

無論是小丸子、小綠還是廣明都陸續站上舞臺，接受大人的喝采。

聚集到櫻家的小朋友們，除了壓歲錢之外，也能夠得到「打賞」。

雖然也有人認為這種過年活動簡直是亂七八糟，但是大人與小孩皆和樂融融地同樂的櫻家新年，在實質的意義上可以說是精彩萬分。

26　日本過年時玩的遊戲。要矇著眼把人的五官（眉毛、眼睛、鼻子、嘴巴、耳朵）依感覺排列在印有臉的紙上。因為排出來的模樣通常都慘不忍睹，引發笑聲連連，據說笑得越大聲，福氣就越多。

27　雙六分兩種，一種為盤雙六，另一種是繪雙六。在此指後者，為日本傳統的桌上遊戲。玩家擲骰子在繪有格子的紙上前進。雖然玩法不太一樣，但與台灣過年玩的大富翁有異取同工之妙。

☆ 多彩多姿的櫻家例行活動

我們已經大概明白櫻家新年期間的情形，那麼除此之外的櫻家例行活動，又會呈現何種風貌呢？

雖然我們不清楚櫻家是否會在開鏡餅之日[28]，敲開供奉的鏡餅並製作成紅豆年糕湯，但是櫻家似乎有元月七日吃七草粥的習俗。

順帶一提，雖然七草會因春、秋季節有所不同，但放入新年吃的七草粥裡的是水芹菜、薺菜、鼠麴草、鵝腸菜、稻槎菜、菘與蘿蔔，春天的七草。菘為蕪菁，蘿蔔則是指白蘿蔔，雖然這兩樣蔬菜容易取得，但稻槎菜與鼠麴草之類的蔬菜則是難以取得。真虧小丸子的媽媽竟然能夠備齊這七種蔬菜。

另外，家裡有兩個女兒的櫻家，當然也會慶祝女兒節。

①
79

28 日本過新年時會供奉稱為鏡餅的麻糬給神明，通常從12月28日開始供奉，並於1月11日舉行開鏡餅的儀式。以手或木槌敲開鏡餅後，可做成甜的紅豆年糕湯或鹹的年糕湯食用。

不過小丸子家的女兒節人偶似乎是在姊姊出生時買的，即使爸媽說那是屬於兩個人的，但人偶的所有權似乎仍歸姊姊所有。小丸子也曾經難掩心中落寞地發牢騷「只因為是次女，就沒有女兒節人偶」。①88

也許總是耍任性地在地上打滾，大喊著「買給我、買給我，我想要女兒節人偶」的小丸子心聲，打動了媽媽的心吧。在馬拉松大會上努力奔跑得到第十名的小丸子，意氣風發地回到家後，赫然發現家裡擺設著小丸子的女兒節人偶。這是媽媽特地買給小丸子的。①93

小丸子在出生之後第九年，終於擁有屬於自己的女兒節人偶了。

而下一個小丸子家會進行的例行活動是七夕。

去年爸爸買了矮竹回家，今年卻沒有這麼做。小丸子想盡辦法取得矮竹。小丸子家不是位於大都會區正中央，既然七草粥的材料都能夠備齊了，應該也能夠輕易取得矮竹才對，「就連我家也是每年都會有鄰居送一株矮竹來。」本研究會的其中一名成員如是說著。但是小丸子家似乎就是無法輕易獲得矮竹。

最後，小丸子從小玉家取得了竹子，並掛上許多七夕的應景裝飾。⑥53 58

雖然七夕時是用一般的竹子來代替矮竹，不過，小丸子家的聖誕樹卻是貨真價實的冷杉。

小丸子雖然碎唸著「我們家的冷杉也太小了吧」，但是每年聖誕節（⑤22）都會把冷杉好好裝飾一番，可以說是相當應景的聖誕節。如果是亮晶晶的塑膠聖誕樹，不管有多麼高大都感受不出「聖誕樹」的氣派，就連耶穌的誕生也讓人覺得存在感相當薄弱。

小丸子家的聖誕樹是用真正的冷杉樹。平日似乎都被晾在曬衣場旁，冷杉的根部還埋有已經成為肥料的金魚屍體。想必連耶穌也會大吃一驚吧。

聖誕樹的裝飾，則是寫上想要的聖誕禮物的短箋與「希望能夠考一百分（小丸子）」或是「希望能夠長命百歲（爺爺）」的短箋。雖然他們似乎誤把聖誕樹當成七夕的許願竹，不過這種聖誕樹還真是符合小丸子家的風格呀。

餐桌上的食物與平常並沒有太大的不同，不過餐桌正中央擺了一塊（⑤31）大大的蛋糕，也會開香檳慶祝。與新年時飲酒狂歡的歡樂比起來，櫻家

碰上這種節日反而會覺得有點尷尬，氣氛也完全熱鬧不起來。

小丸子住的社區每年12月23日都會舉行聖誕派對，而小丸子則認為設定在23日舉辦，想必是考慮到「為了不妨礙到各自的家庭」在24、25日過真正的聖誕節吧。所以，小丸子家也是在24日或25日舉辦聖誕派對，似乎不會特別提前或延後到最接近聖誕節的星期六或星期日舉辦。

能夠這麼做也是因為小丸子的爸爸不是在一般公司上班吧。如果是可能會跟出差撞期的上班族，有時候回家時還得扮演遲到兩天才來的聖誕老公公呢。

聖誕節結束後，就是令人忙亂的歲末時節。媽媽在廚房忙碌不已，①64 並請姊姊擔任年菜小助手，同時也請爺爺、小丸子與爸爸負責進行年終①68 大掃除。

一天就在這樣手忙腳亂、鬧烘烘的情況之中結束，時間來到晚餐時刻。媽媽說今晚要跨年，便準備起蕎麥麵。享用完蕎麥麵之後，大家全都窩進暖爐桌裡緊盯著電視，猜測今年會是誰得到唱片大獎。

八點四十五分，小丸子已經準備好要看《紅白歌唱大賽》，並拿來虹吸式咖啡壺，請媽媽煮咖啡。

小丸子全家就是這樣喝著用虹吸壺沖泡出來的純正咖啡跨年，平常 ①70
愛喝可可亞的小丸子，也會在除夕這一天好好品嚐咖啡。

如此看來，櫻家每年的例行活動真不少，他們也會準備好芒草、丸
子、栗子與柿子，享受賞月之樂。雖然小丸子說「我們家的例行活動還 ⑨90
真貧乏耶」，但不管怎麼看，都讓人覺得他們是經常一家團聚，活動相 ⑧73
當多彩多姿的家庭。

☆籤運超強的櫻家人

小丸子一家人抽籤的手氣很好。

小丸子曾經在商店街的聖誕節特賣中抽到三獎。爺爺收到藥局的抽獎券後，便讓小丸子去抽，但排在小丸子前面的人全部都沒中獎，甚至有人半信半疑找碴說：「真的抽得到獎品嗎？」結果，小丸子非常厲害地抽中三獎，吸引了眾人的目光。

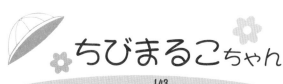

令人遺憾的是，三獎並不是電視機，而是醬油。小丸子就這樣抱著一公升的醬油回家。唯一會感到開心的人，大概也只有媽媽吧。⑤28

爺爺說「像我這種老人，即使參加抽獎也抽不中」，便把抽獎券送給了小丸子。出乎意料之外的是，這麼說的爺爺竟然在中元好康大放送中，抽到頭獎「南島之旅」。鏘鏘鏘～是超級大獎！⑤26

其實以時間順序來說，中元大特賣應該比聖誕節特賣早，而且爺爺應該是在抽中南島之旅後才收到藥局給的抽獎券，卻出現爺爺說「像我這種老人，即使參加抽獎也抽不中」的矛盾情節。不過，明明已經連載兩、三年，小丸子卻一直沒有升年級，再加上爺爺又有點糊里糊塗的關係，就讓我們對這個矛盾之處睜一隻眼閉一隻眼吧。

事實上，小丸子甚至懷疑自己的籤運極差。

神奈川的堂親明美、廣明來家裡玩時，與小丸子一起去零食店抽 ①37
籤，他們兩人都抽中想要的獎品——明美抽到項鍊，廣明則是抽到玩具
機關槍，小丸子卻只得到銘謝惠顧的安慰獎——紅球口香糖。這兩位甚 ①44
至還有抽中小丸子一直很想要的「雞蛋麵」的獎品「雞蛋球」。 ①41

雖然小丸子是個容易得意忘形的傢伙，生活上看起來是個如魚得水的幸運女孩，但其實小丸子是個會讓人心想，她還真是意外地倒楣耶，並忍不住同情她。

不過，能夠在夏季中元大特賣抽中特獎，接著又在冬季聖誕節特賣抽到三獎，一年抽中兩次獎，櫻家確實可以說是籤運相當強的家族呢。

☆貧困到連沙拉醬也買不起

小丸子曾說自己家裡很貧困。而且，當她告訴姊姊說要去高級餐廳 ⑤22
吃法國料理時，姊姊也是忍不住大喊：「騙人！」還鐵青著臉說：「難不成……我們全家打算要一起去自殺嗎？」 ⑤79

更別說，當他們吃完飯，要付錢時才發現帶來的錢根本不夠（就算加上小丸子為了以防萬一多帶的五千圓也不夠），還打電話回家拜託爺 ⑤91
爺帶錢過來。

櫻家的生活看起來確實不像過得很富足。

其他還有許多小丸子喃喃自語地說「我們家很貧窮」的情節。

舉例來說，小丸子很想要〈兒童V樂敦〉，媽媽說不行買。當〈V ⑥27
樂敦〉的眼藥水推出時，無論是商品名或是廣告文案、宣傳手法，都與以往的眼藥水截然不同，相當創新，一轉眼就躍升為熱門商品。於是，廠商又趁勢推出兒童取向的〈兒童V樂敦〉。主打看太多電視而感到疲倦的眼睛，以及預防眼睛在泳池受到感染的策略。

小丸子也搭上這波流行的浪潮，想要買〈兒童V樂敦〉，但家裡沒
能買給她。小丸子出泳池後，還是跟小玉借了眼藥水。⑥40

正因為家裡連眼藥水也不能買，當然更不可能買兒童腳踏車之類的
高價物品給小丸子。當同學之間流行騎腳踏車時，小丸子曾向爸爸撒嬌
地說，想要有可愛圖案的兒童腳踏車。爸爸則是毫不留情地回說：「妳③11
在說什麼夢話啊？」雖然爸爸是說「買一般的就好了」，但是對於身材
嬌小的小丸子來說，一般的腳踏車實在有點強人所難。

另外，小丸子曾經因為剩下營養午餐的蔬菜而被媽媽責罵，但她並⑨32
不是打從心底討厭吃蔬菜，只是覺得鹽漬蔬菜很不好吃而已。同班同學
花輪說他在家時都會淋上國外的特製沙拉醬。小丸子也暗自心想，就算⑨31
是日本製的也好，如果能淋上沙拉醬的話，就能夠享用美味的蔬菜。回
家她便拜託媽媽買沙拉醬，但媽媽說太貴了，因而拒絕了小丸子。⑨33

第二次世界大戰後，當日本人的生活開始穩定下來時，提倡「攝取
維他命吧！」與「多吃生菜！」的主張，開始滲入國民日常的飲食之

中，美乃滋也在這時候開始普遍上市。小丸子只覺得納悶，家裡再怎麼貧窮也不會買不起一瓶沙拉醬吧？

有多數的日本人都認為，生菜就要搭配美乃滋一起享用，但美乃滋的選項頂多只有Q比或味之素，選擇性並不多，而討厭美乃滋的人只能灑鹽巴拌著吃。

就在這個時候，市面上突然推出另一項選擇——沙拉醬。

其實沙拉醬在這之前早就存在了。但是老實說，市售的沙拉醬一點都不美味，而且也沒有大量生產販售，所以價格相當昂貴。不過在昭和四十八年（1973）五月的新聞報紙上，甚至出現「市面上紛紛推出新沙拉醬商品，五間食品大廠共三十多種沙拉醬在店面一字排開」的報導。可以說小丸子就讀小學二、三年級時，日本社會正掀起一股沙拉醬旋風。

鹽漬蔬菜這個名字聽起來有多麼平凡，完全不需要多做說明。如果與美乃滋做比較的話，在討論滋味如何之前，光是沙拉醬（Dressing）這個名字，聽起來就讓人覺得悅耳多了。

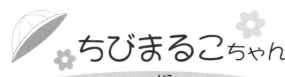

「法式沙拉醬」（French Dressing）聽起來多麼高貴呀！所謂法式總之就是指「來自法國唷！」就連香味也高雅又浪漫。單是蔬菜也能變身成「〇〇沙拉」這麼時髦的料理名稱！

就算不是小丸子也會令人忍不住嚮往起沙拉醬。然而，家中精明能幹的媽媽看了一下家庭開支後，最後還是沒買沙拉醬。雖然小丸子說著「只不過是一瓶沙拉醬」，但其實一瓶沙拉醬用兩、三次就沒了。反觀美乃滋，不僅價格便宜又可以用很多次。

不曉得小丸子幾歲的時候，櫻家的餐桌才會出現沙拉醬呢？

☆家裡是古早味蹲式廁所，而且沒有裝冷氣

暑假時，小丸子曾經因為天氣太熱，拿媽媽當出氣筒。

雖然媽媽安撫小丸子說，大家都會覺得熱，可是小丸子並不領情。

「花輪家跟小玉家都有裝冷氣。」她如此回嘴。

換言之，小丸子家裡沒有裝冷氣。

小丸子出生的年代，日本全國正瀰漫著一股嚮往文明利器——冷氣的氛圍。昭和三十九年（1964），「3C」一詞成為最流行的字彙。「3C」即為彩色電視機（Color Television）、汽車（Car）、冷氣（Cooler）的英文開頭字母，儼然成為國民的消費指標。

昭和三〇年代初期的「三種神器」為黑白電視機、洗衣機、冰箱，是每個家庭無論如何都想擁有的家電。不過，這些家電在當時幾乎已經普及到各個家庭中，所以在政府與廠商的推動之下，才會大力宣傳「3C」，做為取代「三種神器」的「新・三種神器」。

⑦
143

小丸子家在大約十年之後依舊沒有安裝冷氣，這麼一來即意味著櫻家絕對稱不上是有錢人家吧。

那麼，除了冷氣之外，3C中的彩色電視機與汽車又是如何呢？

如前面的土龍騷動所提的，小丸子說她變成富翁之後要聘雇一名專屬司機給爸爸，因此可以確定爸爸確實有汽車駕照，但並不確定是否有家用的房車。我們在本傳之外的〈漫畫附贈頁〉中，得知小丸子家是經營蔬果店，所以大概能推測櫻家擁有一輛輕型卡車，但也是純屬推測。

④51

唯一能夠斷定的是，小丸子家裡有彩色電視機。雖然，起初本研究會還以為小丸子家的電視機是黑白電視機。

第1集的〈小丸子跨年夜〉篇中，當家人團聚在一起期待已久的《紅白歌唱大賽》終於要開始時，旁白寫著「明明沒有乖乖繳收視費，卻能夠正常收看節目」。因此可以得知小丸子家沒有按時繳費。

昭和四〇年代，日本社會發起拒繳NHK收視費的運動，也能看到有家庭在門口貼上「拒繳」的貼紙。不過從小丸子家的情形看起來，似乎不是那種帶有政治、思想上的拒繳行為。話又說回來，如果小丸子家

單純是基於經濟因素而沒繳費的話，實在不覺得這樣的家庭有能力購買彩色電視機。

然而，小丸子家不僅有彩色電視機，也會繳交收視費，只不過，他們繳的是黑白電視的收視費，而不是彩色電視的費用。（①167）媽媽會擋在收費員的面前，說「我們家是黑白電視」。（①168）真是家庭主婦的天性，不對，或許應該說是老百姓的生活智慧！

小丸子家在湊齊「3C」之前，有個不得不解決的大問題——櫻家的廁所是沒有抽水系統的。我們在第1集的本傳中並不知道，但在番外篇〈我們家很貧窮〉中，小丸子因為家門前停了一輛抽糞車而感到丟臉，便苦苦哀求爸爸「裝個沖水馬桶嘛～」但又遭到爸爸拒絕。（①124）

由於爸爸是昭和個位數年出生的世代，所以無法適應西式的沖水馬桶。雖然不想下如此的推論，但姑且不論西式廁所如何，爸爸不答應裝沖水馬桶，純粹只是因為經濟上的因素吧。

雖然櫻家購買了提供家人最大娛樂的彩色電視機，卻沒有餘力再添購冷氣與改成沖水馬桶。

☆ 其實小丸子家是有錢人

小丸子在本傳中總是相當乾脆地說自己家裡很貧困，再加上看完第1集的〈我們家很貧窮〉、〈我們家很貧窮PartII〉後，真的會令人覺得小丸子家真的很貧窮。

雖然說忽略櫻家貧困的家境也不會有任何問題。不過，本研究會打算在此試著驗證一下，櫻家到底貧窮到何種地步。

首先，試著從小丸子與姊姊的零用錢推敲看看。

姊姊一個月有三千圓，小丸子則是一天三十圓。如果與現代的小學生做比較的話，結果會是如何呢？

雖然少有小丸子這般領日薪的零用錢制度，不過簡單計算一下，即能得出現代的小學三年級生，一般平均為一天一百圓，一個月是三千圓。每升一年級零用錢也會跟著調漲一千圓，因此有孩子就讀小學三年級與六年級的家庭，通常都是給三年級生三千圓、六年級生六千圓的零

用錢。

昭和四十八年（1973）前後的九百圓與現在的三千圓在幣值上相差多少，就讓我們用物價來比較看看吧。

昭和四十九年（1974）四月的大學生，畢業後第一份工作的薪資，全國平均值為六萬五千九百圓，與現在的平均薪資約十八萬圓比較起來，相差三倍。又，如果以報費為例的話，昭和四十八年，原本一個月九百圓的報費漲至一千一百圓。而現在的報費則是三千六百五十圓，為當時的三．三倍。小丸子當時的零用錢九百圓，以倍率計算的話，正好等於現代小孩的零用錢，三千圓。

我們可以從這一點瞭解，小丸子的零用錢與當時的國民生活水平對照之下，行情並沒有特別低。姊姊的零用錢為現在六年級生的50%，因此以倍率計算的話，她的零用錢比現在的小孩多。換言之，櫻家給小孩子的零用錢跟一般家庭差不多，甚至可以說是稍優於一般家庭。

接下來，針對小丸子總是抱怨「沒有自己的房間」這點，來探討一下吧。

⑦
98

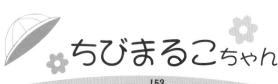

小丸子家是獨棟住宅，如果是住在團地[29]的普通上班族，想要保有兒童房就已經很不容易了，更不可能讓小孩子一人一個房間。因此，跟姊姊共用房間，無法構成櫻家貧窮的依據。

另外，雖然家裡通常只有一組女兒節人偶，但如果同時有男孩、女孩的話，就必須準備五月人偶[30]與女兒節人偶。如果都是男孩或都是女孩的話，多半都會大家共用同一組人偶。然而，當媽媽看到小丸子露出一副落寞的表情時，竟然二話不說地買了人偶給她，這就讓人覺得櫻家似乎頗有餘力。

小丸子因為放春假而閒得發慌，便邀請奶奶一起玩黑白棋。黑白棋是Tsukuda Original 公司於昭和四十八年（１９７３）四月發行，上市不久後，即成為熱門遊戲。不過，這個遊戲的價格為二千二百圓。由於這個價格不是小丸子的零用錢買得起的金額，恐怕是她向大人撒嬌才得

③
86

29 指有規畫的大規模集體住宅社區。

30 五月五日為日本「兒童節」，為男孩祈福日。通常會在家裡擺放佩戴頭盔、盔甲的武士人偶，即稱為五月人偶。同時也會掛起鯉魚旗，除了祈求孩子平安健康之外，也有期望家中男孩能夠魚躍龍門之意。

到的。能夠買新上市的熱門遊戲，這樣的家庭反而給人一種家境還不錯的印象。

小丸子家也曾經為了飼養熱帶魚，購買一整套水族箱設備。能夠飼 ⑦78
養需要花這麼多錢才能養的寵物，從這裡也讓人感受到櫻家在經濟上的游刃有餘。

再多舉些例子的話，甚至只因為老師來做家庭訪問就更換新的榻榻米；雖然只有短短兩星期，但也曾經幫姊姊請家教；家裡甚至還有兩臺 ②5
相機。當花輪邀請小丸子去玩時，小丸子向姊姊借相機遭到拒絕，後來 ②30
跑去向爸爸借。 ⑧72 73

雖然不清楚爸爸的相機是高級的單眼相機，或是一般的拍立得相機，不過運動會當天，爸爸可是忙著四處幫小丸子與姊姊拍照留念，簡直忙翻天。

而且，本研究會認為櫻家也許是有錢人的關鍵，就在於小丸子家有熱水器。一旦安裝了就不可能回頭了。起初會擔心浪費錢而一直拚命忍 ⑨75
耐不買的此物，絕非一般尋常人家會安裝的呀。

想必媽媽是在某天終於下定決心，鐵了心購買的吧。冬天煮飯洗碗的，實在冷得受不了！乾脆買熱水器吧——如此這般。

根據番外篇〈我們家很貧窮〉可以得知，小丸子家只有暖爐桌與火爐，並沒有暖爐，大家都是窩在暖爐桌裡取暖，不願意輕易離開。儘管家裡沒有暖爐卻有熱水器讓人感到有些不解，但小丸子家也有卡帶式手提音響。卡帶式手提音響不是生活必需品，一般來說，家裡沒錢絕對不會輕易購買。而家裡有這個卡帶式手提音響與熱水器的小丸子家，絕對稱不上家境貧困吧？

更別提，小丸子家還是把熱水器安裝在瓦斯爐的正上方，真的是太驚人了！

①120

第6章

愉快的校園生活

ちびまるこちゃん

☆小丸子的學校幾點開始上課？

小丸子平常總是睡過頭，上學老是遲到。那麼，小丸子的學校是幾點開始上課呢？

學校建築物的正面有個大時鐘，我們能夠根據那個時鐘，瞭解故事裡時間流逝的情節。在第4集的〈小丸子得到獎狀〉篇中，當時鐘的指針正好指向八點半時，校園內傳來「接下來是全校集會時間，請前往體育館集合」的廣播聲。 ④94

在第2集的〈小丸子買鬧鐘〉篇中，學校的時鐘是指向八點，小丸子卻是氣喘吁吁地跑向校門，旁白還寫著「小丸子上學又遲到了」。 ②85 八點就算遲到，可見得學校大概是八點十分開始上課吧？

但是在第7集，八點十分剛過，第一堂課的鈴聲響起時，衝進教室的小丸子卻說「還好趕上了」。 ⑦61

那麼，小丸子的學校到底是幾點開始上課的呢？

在第7集第85頁、第8集第60頁、第10集第98頁與156頁等，鐘聲都是在八點半響起，所以應該是從八點半開始上課，在那之前有二十至三十分鐘的班會時間吧。事實上，曾經有在時鐘指向八點五分的格子 ⑤64 後，接著的是舉行「班級早會」的場景。而毛遂自薦當班長的丸尾，也 ③79 跟大家約定好自己會接下「班級早會」的司儀一職。

當家長觀摩日的參觀授課活動結束時，時鐘是指向兩點十五分。時鐘聲響起時，老師便說「那麼，接下來請各位同學的家長，也觀摩一下回家前的班會時間吧。」然後在第8集中則是於十點二十五分打鐘，老 ⑧23 師說「那麼請大家做一下計算練習題」，在第7集中則出現下午一點三十分時打鐘，一旁顯示「第五節課開始了」的畫面。

關於放學的時間，則有時鐘指向三點三十五分或四十分的畫面，加上小丸子對小玉說「上到第六節課回家都晚了，真是討厭耶」。其他放 ⑧63 學鐘聲響起的時刻分別為三點（第10集第14頁）、三點十分[31]（第8集

31　編註：漫畫單行本此格的時鐘乍看之下像是停在兩點十五分，但其實仔細觀察，雖然指向3的短針似乎長了一點，但確實是指在3的下方一點點，而不是正3的地方，即為本書所說的三點十分。

第53頁）、同學互道再見的時刻為三點半（第9集第7頁），因此無從得知正確的時刻表。

不過，姑且試著製作出小丸子學校的時間表後，可以將出現最頻繁的八點半視為開始第一節上課，每節課上四十五分鐘，中間夾十分鐘的休息時間的話，就會呈現如下：

第一節課八點三十分～九點十五分
第二節課九點二十五分～十點十分
第三節課十點二十分～十一點五分
第四節課十一點十五分～十二點
第五節課十二點四十五分～一點三十分
第六節課一點四十分～兩點二十五分

站在品川小丸子研究會的立場，能夠製作出時間表可以說是令人相當心滿意足的成果。

☆戶川老師酷似阿欽

小丸子的班級導師是戶川老師。

老師大概是四十多歲的中年人，戴著眼鏡，藏在眼鏡深處的雙眼散發出來的並非冷冽的精光，平常總是和藹可親地笑瞇瞇的——他就是給人這種感覺的溫柔老師。

戶川老師在「小丸子」出道的同時，也緊接著登場。在《櫻桃小丸子》〈其1．怪大叔的魔法卡片篇〉的下一格漫畫，就是一整格的戶川 ①4
老師臉部特寫，可說是相當帥氣的登場方式！

不過一直到家庭訪問的通知單出現時，大家才首次得知小丸子的班 ②4
導師姓戶川。

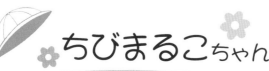

老師在進行家庭訪問時，誇獎小丸子是個「樂觀、個性隨和的好孩 ②9
子」。也許他覺得只說這些好話，不免會讓人懷疑自己身為老師的專業度，因此也有指出小丸子的缺點，「有點散漫、動作比較慢、容易忘東

忘西。」平常總是一臉正經，看似不會說笑話的戶川老師，竟然也在家長觀摩日當天，在眾多家長的面前說了一段雙關語。

「我今天繫了在神戶買的有點時髦的領帶。這種通常就叫做『骷髏頭[32]』吧。」

老師如此這般的說了一段雙關語笑話。其實來到學校觀摩的幾乎都是學生的母親，面對眾多的女性，老師的情緒也自然而然地跟著高漲起來了吧。而媽媽們也非常體貼地，對這個雙關語露出微笑。

當戶川老師點學生回答問題時——

「那麼，你來回答看看。」

這個說法，根據鈴木同學所言，似乎很像萩本欽一[33]。

戶川老師不僅個性溫柔，且酷似阿欽。似乎也能明白，為何小丸子班上的氣氛能夠如此和樂融融的了。

⑥113

⑥113

32 シャレコーベ（SHAREKO-BE）指曝曬荒野的頭骨，日文發音與時髦神戶（SHAREKOUBE）相似。

33 喜劇演員兼主持人、導演，相當多元的老牌藝人，暱稱為阿欽。因主持日本長壽綜藝節目《超級變變變》在台灣打開知名度。

☆超多碳水化合物的營養午餐

將小丸子的校園生活點綴得多彩多姿的事物，就是學校的營養午餐。一旦學校的營養午餐推出小丸子喜歡的菜色，她就會情不自禁地舉 ⑦85 高雙手歡呼。

那麼，學校的營養午餐會推出些什麼料理呢？

小丸子喜歡的布丁似乎經常出現。當小丸子因為感冒（其中有一半的症狀說是裝病可能較為恰當）向學校請假，但想到當天營養午餐有布 ⑤46 丁時，頓時感到大受打擊。只是小丸子明明對食物擁有超乎常人加倍的執著，卻總是無法記得已排定的營養午餐菜色。

除了本篇之外，布丁也在第2集與第7集登場過。第2集中描述到學校在吃營養午餐的時間突然開始進行消防演習，當時的小丸子暗自懊 ②92 惱，早知道就先把布丁吃掉了。第7集則是小丸子吃壞肚子，午餐吃到 ⑦68 一半就忍不住衝去廁所，也許最後她沒能把布丁吃掉吧。可以確定的是，即使她想吃也沒辦法像平常一樣津津有味地品嚐。當天的營養午餐除了布丁之外，還有牛奶與「古早味」炒麵。全部都是小丸子喜歡的食物，偏偏她的腸胃狀況不佳，實在是太遺憾了！

小丸子是個愛吃鬼，卻曾經因為營養午餐沒有吃完而被媽媽責備。當時她的理由是「兩塊麵包太多了，我吃不完嘛」，因此我們能夠得（⑨23）知，學校的營養午餐一次會附上兩塊麵包。

翻閱第2集第92頁、第5集第47頁、第7集第68頁，電影版原作的第22頁等，便能得知對於正值發育期的小孩子而言，小丸子學校的營養午餐有蛋白質稍嫌不足的傾向，不禁令人感到憂心。不過，仔細觀察一下營養午餐的菜單——（⑤46）

（二）可樂餅、水果沙拉

（三）肉醬、軟式義大利麵、牛奶、沙拉、布丁

（四）麵包卷、炸竹筴魚、什錦蔬菜

諸如此類，菜色算是相當豐富多元，應該說是本研究會過於杞人憂天了。

而小丸子本身對於營養午餐不滿意的地方，似乎只有附兩塊麵包太多了、鹽漬蔬菜很難吃，以及當主食不是麵包而是白飯時，飲料應該附茶而不是牛奶，以上三點而已。

☆小丸子就讀的學校有打菜負責人

新學期必須決定班級各個職務的負責人，這件事對學生們而言是一大盛事。

因為小丸子是懶惰鬼，所以她想要的是輕鬆、最好是幾乎無事可做的職務，因此自願當生物股長。不過，班上也有與小丸子呈現強烈對比，自願當倒垃圾股長，令人欽佩的男孩子。

小丸子的班級以班長為首，另外還有十種股長；健康股長、圖書股長、倒垃圾股長、生物股長、花圃股長、點名股長，以上各兩名。排桌椅股長四人，體育股長、學藝股長各五名，打飯股長十名，總共三十八個名額。雖然看得出來幾乎班上每個人都會身負某項職責，並且透過這個方式運作整個班級、講求齊心協力的團隊合作精神。不過，按照這個體制進行的話，打飯股長就不是輪流制，而是一整個學期都由同一批人負責。

①
96

打飯的工作很辛苦，所以通常都會採值日生制，以每天或每星期為單位進行輪替的情況較為常見。話說回來，總是能夠牢牢記住營養午餐菜色，並告訴小丸子午餐情報的小玉，該不會就是打飯股長吧？

當我們觀察小丸子吃營養午餐的場面，便能發現小丸子學校的營養 ②92

午餐並不是擺在餐盤上，而是直接擺在書桌上享用。③74

綜合本研究會成員的經驗談後發現，一般在學校使用餐盤前，似乎是鋪上乳白色的透明塑膠墊。新學期時，學校會要求學生買乳白色的透明塑膠墊，吃營養午餐時得鋪在書桌上。或許是世代不同的差異或各縣市有各自的作法，不過，小丸子的學校似乎完全不會鋪東西。

另外補充說明一點，小丸子的班級似乎沒有所謂的衛生股長，因此清潔衛生方面不是採取一整個學期都由特定學生進行的制度。恐怕是以點名簿之類為依據，以小組為單位，每天或每星期輪流的值日生制。

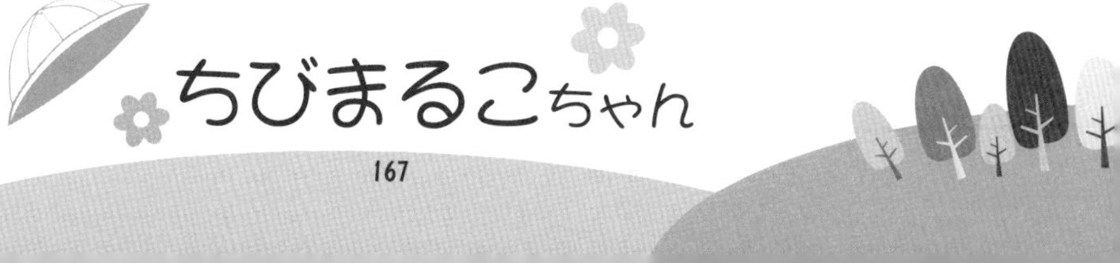

☆「咚！」地發射煙火以示通知的闊氣學校

前面曾經提及小丸子卯足全力準備去遠足的零食，不過當時準備的零食，並沒有成功地在巴士上或目的地享用，而是被收進櫥櫃裡。因為遠足遇雨延期了。①34

想必這是任何人都曾有過的經驗吧。遠足當天，如果一大早就開始下起滂沱大雨的話，通常就能夠果斷地死心；但如果是烏雲密布，好像快要下雨，或者只是細雨綿綿，感覺不用多久天氣就會放晴。遇到這種情形，就會難以確認遠足會按照計劃進行，或臨時喊停，實在令人感到坐立難安。

有些學校會透過電話聯絡通知活動是否中止，也有學校會在早上〇點〇分時張貼在學校布告欄上，所以學生就得一大早匆匆忙忙地跑去看布告欄，不管成行與否，都必須來回奔波於家裡與學校之間。

於是，小丸子的學校想了一個不同的作法——透過放煙火來進行通①26

知。早上六點如果傳來「咚」的聲響，非常遺憾，即意味著活動中止。雖然活動中止很可惜，不過在下著雨的天空發出氣勢十足的轟隆巨響，感覺能夠讓人相當乾脆地轉換心情。對於保守的學校而言，還真是通情達理又明智的方法。想必在全國中也算是相當罕見的例子吧。

小丸子的學校，六年級與三年級的家長觀摩日是在同一天舉辦，遠足也是在同一天舉行。不過，有很多學校都是全校總動員去遠足，因此這一點並非小丸子學校特有的文化。⑥104

「好可惜喔，小丸子的遠足活動被迫中止了。」為了補償這麼想的粉絲，作者在一年後讓小丸子順利去遠足了。六年級的姊姊是去海邊，三年級的小丸子則是去爬山。即便覺得爬山很累而相當不甘願的小丸子，在巴士裡也同樣開心地大玩接龍，一邊呼吸著山頂清新的空氣，一邊與小玉享用便當，尋找漂亮的樹果，玩得不亦樂乎。⑤6

那麼，小丸子她們到底是幾月幾日去遠足的呢？

即使是小丸子的超級大粉絲也不見得會知道。因此，就讓品川小丸子研究會在此告訴各位吧。

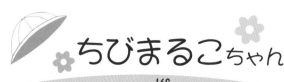

小丸子遠足的日期為1974年5月12日。

心想「為什麼？」的人，可以確認一下第8集的第26頁。姊姊與爸爸、媽媽，三個人一起看著相簿的畫面。相簿上明白清楚地寫著「1974·5·12（遠足）」吧？

☆ 親子能夠一同用餐的運動會

如同前面所述，小丸子的班級裡面，各種股長加起來有三十八人之多。小丸子的學校採取全班齊心協力共同運作班級的方針，不過，似乎又相當重視獨立自主的精神。

小丸子的班級為了即將到來的運動會，決定好各項工作的負責人，小玉是計分負責人、小丸子則是分配到製作班旗的工作，除此之外，還有小道具負責人、用衛生紙製作紙花的負責人，以及善後工作負責人。

由於每所學校都會有這類的負責人指派制度，因此本研究會並不打算用這個例子說明小丸子的學校充滿獨立自主的風氣。關於運動會的全面性規劃、計畫、執行等，負責指揮的隊長與副隊長，其實是由班上的學生自行遴選出來的。而且，學生們早上要提早到校，練習跳舞或競賽項目，放學後各工作的負責人得製作計分表、加油扇、旗幟等周邊道具，隊長與副隊長要確實掌握所有的進度，支援進度落後的同學、激勵

(映)25

毫無幹勁的同學。

學生們以運動會為目標，踩著穩定且踏實的腳步進行練習與準備，其間卻從來沒出現老師指導的場景。一切都由身為隊長的大野與副隊長杉山負責掌控、調度。班上的學生們也會服從這兩個人的指示。

如果是國、高中生，這種情形可以說是理所當然的，但國小三年級就得憑自己的力量努力地推動一件事進行，實在是太了不起了。

就連討厭麻煩事的小丸子，也被兩位隊長的努力給激勵了，全心全意地進行準備。

接著，就是活動當天的到來。小丸子在借物競賽中漂亮地獲得第二名的佳績。雖然一開始小丸子遲遲找不到借物競賽所指定的有鞋帶的鞋子而晚了好幾步，但在大野與杉山默契十足的協助之下，再加上小丸子發揮那令人自豪的腳程，最後精彩地奪下第二名寶座。

與爸爸、媽媽、姊姊一起享用便當的小丸子，臉上帶著心滿意足的表情。當然，爸爸與媽媽似乎也相當高興。

話說回來，不知道是從何時開始的，運動會時學生無法與家人一同

(映)61

吃便當。其實是校方考慮到雙薪家庭與單親家庭的增加，會令家長無法到校觀摩的學童感到落寞，才會演變成全部的學生都得回到教室用餐的情形。

小丸子就讀國小三年級的1974年，應該幾乎所有的學校都已經採取新的用餐方式，不過小丸子的學校似乎允許親子一同吃午餐。

愉快地用完餐之後，小丸子在下午的活動中也有活躍的表現。雖然從跳舞的圓圈中被擠出去，不過穿著和服跳起沖繩民謠的小丸子模樣實在很可愛。而且，身材嬌小的她即使在拔河競賽中也非常賣力。

小丸子的班級是白隊。最後的分數為紅隊571分，白隊583分。小丸子等人在國小三年級的運動會中，順利地取得優勝的好成績，留下美好的回憶。

(映)77

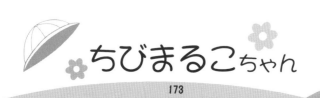

第7章

充滿特色的同班同學

ちびまるこちゃん

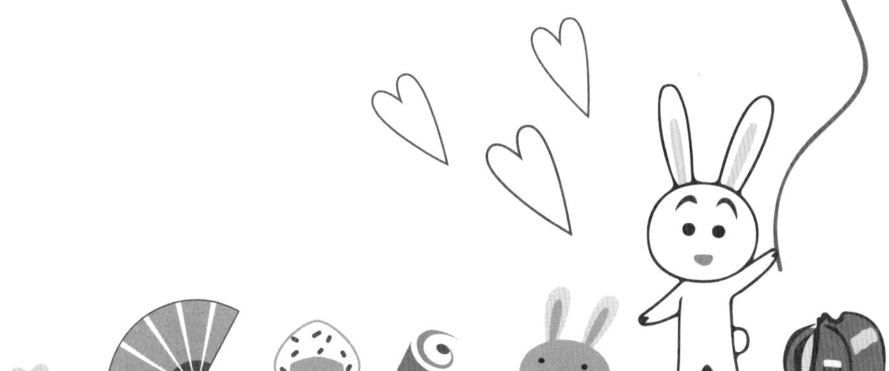

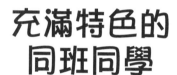

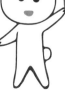

☆小丸子的好朋友——小玉叫做「玉惠」

小丸子最要好的朋友是小玉。垂著兩根辮子，戴著可愛圓眼鏡的小玉，就是那種「溫柔女孩子」的類型。如果小丸子請假當天，知道營養午餐中有小丸子喜歡的布丁，會說「我原本想帶布丁去給小丸子吃的」⑤47 這種話的小玉，不僅外表溫柔可人，是連內心也相當地善解人意的女孩子。

幾乎每天放學都會跟小丸子一起回家，沒有作業的日子還會在放學 ⑧53 後跟小丸子一起玩耍，也會一起去並木公園看紙板戲。暑假時，因為太 ⑩147 熱而心情煩躁的小丸子，也會在小玉一句「一起玩吧」之下，心情瞬間 ⑦143 變好。

暑假時，小丸子與小玉各自去了不同的地方旅行，小玉也沒有忘記送小丸子北海道的伴手禮，小丸子則是買了南國島嶼的伴手禮給小玉，⑧15 兩人感情融洽地交換禮物。

小丸子喜歡盆栽，小玉也同樣喜歡。就連這麼不符合小孩子年齡的興趣，也是兩人共通的興趣。從學校放學回家的途中，繞去園藝賣場的兩人常會為所見的美麗盆栽感動不已。⑩98

提起不符合小孩子年齡的興趣，就讓人想起她們兩人也曾經一邊喝新茶一邊鑑賞盆栽，還吟詠俳句。⑧140

另外，當小丸子與媽媽為了餵食熱帶魚而大吵一架，在學校露出一副無精打采的模樣時，小玉曾經擔心地表示關切。畢竟小丸子期待了很久終於能餵熱帶魚而開心得不得了時，卻被媽媽搶先一步。

於是，小玉當天便來到小丸子家裡，看她喜歡的熱帶魚。⑦86

就像這樣子，小丸子與小玉總是形影不離，做任何事情都同進同出，是對感情超級融洽的知心好友。小玉的血型是O型。⑥扉頁 由於O型人有善解人意、喜歡照顧他人的天性，也許小玉就是在有意無意之間，從背後默默地支持著活力充沛過頭，無厘頭行為一籮筐的小丸子。

關於小玉的個人資料，除了知道她的血型為O型之外，我們也知道她有在學鋼琴。寶物是秀樹（想必是指西城秀樹）的簽名。⑥扉頁 另外，雖然

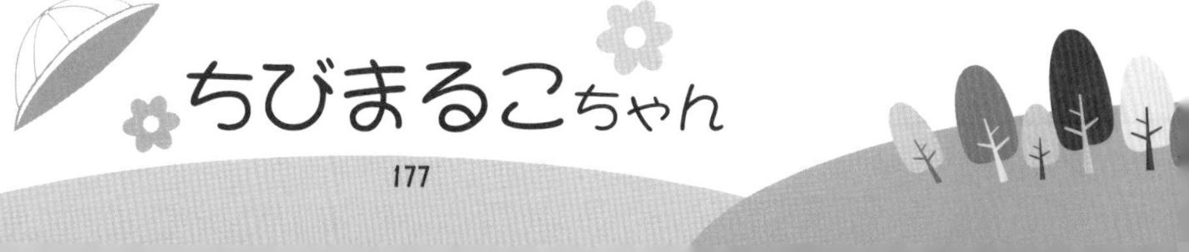

沒登場過，不過小玉有個哥哥。搞不好這位哥哥的長相與秀樹相似也不一定。⑥5

小玉姓「穗波」。我們可以在她的泳帽上看見寫有「穗波」，小玉 ⑥27
家門口的門牌也是「穗波」。而作品中也曾經出現過同班同學說過：⑧89 ⑩18
「穗波她……」的場景。⑧29

順帶一提。小丸子與小玉製作了象徵友情的時空膠囊，並寫信給
二十年之後的彼此。小玉在那封信中寫道「小丸子，我最喜歡妳了。玉 ⑩22
惠上」。因此，小丸子的知心好友是個名為穗波玉惠的可愛女孩子。

☆原來小少爺花輪叫做小和呀！

緊接在小玉之後，絕對要介紹的非花輪莫屬了吧。

雖然我們早就知道，花輪家是超級大富豪。不過在第8集中，則一口氣向同班同學與讀者公開了花輪家到底有錢到什麼地步。⑧68

花輪招待了同學們到家裡玩。他們家的大門不僅會自動打開，儲藏室裡竟然也裝設有水晶吊燈，簡直豪華到極點。班長丸尾還猜測光是這個儲藏室就有五十坪之多，所以也可以知道花輪家的大門到玄關有一大段距離，而花輪上下學都是由自家專車接送。

小丸子一行人被帶領到的宴會廳，位於花輪大宅的二樓。當他們一踏進去，便看到一字排開的傭人向大家行禮。甚至還有戴著高高帽子的廚師。由於廚師帽的高度代表著廚師的等級，可見花輪家一定是高薪聘雇了廚藝超群的大廚吧。

只不過，既然家裡有大廚師，照理來說應該能夠自製沙拉醬才對。

即使不特地從國外購入特製沙拉醬也沒關係吧。不管怎麼說，沙拉醬這 ⑨31
種東西果然還是自家製作的美味吧。

這位大廚大展身手所煮出來的料理，都令同學們大喊「真是好吃、好好吃」，吃得津津有味的。雖然我們不清楚確切的菜單，但光看畫面就覺得很豪華可口。

用完餐後，花輪在媽媽的鋼琴伴奏之下，為大家演奏小提琴。花輪 ⑧80
擅長的是莫札特，所以可能是演奏《小提琴協奏曲》與《第十三號小夜曲》，也或許是小丸子等人也耳熟能詳的《土耳其進行曲》。總而言之，花輪的小提琴與小丸子的都都逸或浪曲，是有著一百八十度不同的興趣。

如此這般，不只小丸子一行人，我們讀者也見識到花輪居家的一面，以及大富豪與一般家庭之間的差異。除此之外，也知道了更多關於花輪的資訊。

花輪的身邊總是有秀大叔隨侍在側，不只每天接送上下學，家長觀 ⑥106
摩日與運動會，也都是由秀大叔代替家長出席。 映59

因為秀大叔總是稱呼花輪為「少爺」，不曾聽過有人以「小○」或「阿○」來稱呼花輪。不過，花輪的媽媽與小丸子等人打招呼時，曾經說：「我家的小和平日受各位照顧了。」

⑧77

不管是小丸子或讀者，也都是在這個時候才重新認清，花輪的名字並不是「少爺」，而是「小和」呀。

ちびまるこちゃん

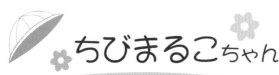

☆原來花輪不只會雙語，而是會說三國語言

當小丸子等人流行與其他縣市的小孩交筆友時，花輪略微炫耀地說：「交國內的筆友實在太落伍了，現在必須交國外的筆友才跟得上時代，像我就是跟住在法國的Girl通信喔。」因此，讓大家不禁心想：「花輪好厲害！他還懂法文啊！」

能夠流利地說兩國語言，一般都稱之為會說雙語，而且大部分都是指英文與日文。因為法文比英文難學，所以會讓人忍不住佩服。

但是，在更早之前，當花輪聽到小玉提起自己飼養的九官鳥的事情時，他曾一臉驕傲地說：「我家的鸚鵡已經活了二十年，會說一口流利的英文。」雖然我們並不清楚鸚鵡的壽命有多長，但是年僅九歲的花輪為什麼會知道家裡的鸚鵡已經活了二十年呢？實在令人百思不得其解，不過最重要的訊息是，鸚鵡會說英文是因為花輪或花輪的家人之中有人會說英文的關係。

⑦14

如上面所述，讓本研究會不禁懷疑，難不成花輪會說三國語言嗎？但是，一個國小三年級學生竟然會說三國語言，如果是駐外大使的小孩或身處國外還能另當別論，但如果是住在清水市的話，實在讓人深深地覺得不可能。

話說回來，在第9集中，當小丸子與小玉在放學回家的途中被外國人問路而感到不知所措的時候，花輪竟然英姿煥發地出現，用超級溜～超級溜～的英文與對方交談起來，最後對方還說：「Thank you for your kindness.」感激地與花輪握手。

臉上帶著一副清新神情的花輪則回答：「You are welcome.」小丸 ⑨8
子與小玉都吃驚到說不出話來。不過，吃驚的不只是她們，果然花輪與我們所想的一樣，會說三國語言啊！

花輪能夠說如此流利的外文，似乎是由於雙親的緣故。他的爸媽經 映59
常待在國外，雖然幾乎沒有公開關於花輪父親的資料，不過我們從花輪 ⑦14
的口中得知，他的母親是在法國工作。花輪的筆友也是他母親認識的法國人的小孩。

不過，當小丸子等人被招待到花輪家去玩時，卻有個名叫馬克的美國人也來訪。他與大家都變成了好朋友，馬克在寒假期間也經常跟小丸子等人一起玩耍。然而，那個馬克在這之後就與花輪的媽媽一起回紐約去了。⑧93

咦？花輪的媽媽不是在法國工作嗎？想必花輪的媽媽一定是頻繁地往返美國與法國，超級活躍的事業女強人吧。這麼解釋的話，即能說明為何花輪會說三國語言，也讓人能夠理解他那略顯西式的作風了。

☆花輪該不會喜歡小丸子吧？

暑假時，小玉去北海道玩，小丸子參加了南國島嶼之旅，花輪則是去了法國一趟。想必他是去見母親，一起度假吧。

當小丸子與小玉交換伴手禮時，花輪也來到一旁，並將來自巴黎的伴手禮——音樂盒送給了小丸子。

「曲名是《一無是處》，非常適合妳吧。」雖然花輪講話很毒，不過他只有送伴手禮給小丸子一個人。這應該可以將此視為花輪對小丸子懷抱有好感吧。

話說回來，這兩個人是從當上新學期的生物股長後，才開始有交流的。我們並不清楚，兩人是從二年級的同一個班級一起升上三年級，或是有換過班級，因此也不清楚小丸子與花輪之間的交情如何。總而言之，在讀者面前，他們兩人之間的故事是從自願當生物股長時才開始發展的。

①98

相較於小丸子混水摸魚的想法，花輪對於捕捉生物並加以飼育懷抱相當大的熱忱。於是，小丸子在被花輪半強迫的情況之下，與他一同前往捕捉青蛙。

這個時候的兩個人，對彼此沒有任何的好印象，花輪認為小丸子是「穿著毫無品味的笨女生」，小丸子則覺得花輪是「自以為是、愛出風頭、膽小鬼、脫線大王」，對他完全沒有好感。

① 100

但是當他們兩個人一起為了一件事而付出心力，情感上的交流就此而生，同時也延伸出對彼此的瞭解與友情。於是，在小丸子與花輪之間逐漸萌芽出「其實這個人還不錯嘛」的想法。

遠足當天，花輪對同班同學炫耀他帶的法國製高級巧克力（其實就是松露巧克力），引起眾人的反感，所以其實很想吃的同學卻逞強說「我才不要咧」。然而，唯獨小丸子一個人說：「我要！我想吃法國的巧克力。」花輪被小丸子的率直給感動，便請她吃一顆松露巧克力。花輪並不是覺得小丸子比其他同學貪吃，而是覺得她很率直，這就是花輪發現「小丸子魅力」的第一步。

後來，小丸子拜託花輪再給她一顆。結果，小丸子是用一路上幫忙花輪揹相機與水壺，換來了兩顆松露巧克力。看來情愫的初芽，仍猶如埋在厚重白雪之下的雪割草花苞般，靜靜地等待萌芽的那一天到來。

原本連兩顆松露巧克力都捨不得給的花輪，第一學期過去，暑假結束九月開學時，回到教室的他唯獨送給小丸子一個人，他從巴黎帶回來的伴手禮。顯而易見地，我們可以視此為在花輪的內心已經對小丸子產生微妙情愫的象徵。

也許他是在離開日本、無法見到小丸子的暑假期間，想起小丸子那無憂無慮、天真無邪的模樣也不一定。

雖然花輪內心喜歡著小丸子，但由於感到害羞和難為情，所以在送伴手禮時才會說出惡毒的話。

不過，也正因為這句惡毒的話，將花輪暗藏在內心的情意顯露無遺。當他被邀請去參加小丸子的生日（五月八日）派對時，花輪原本打算送九朵玫瑰花給小丸子當生日禮物，上門時卻只有先送一朵，之後再宅配了八朵，總共九朵的玫瑰，正好符合小丸子的歲數。然而，花輪送禮時的態度給人一種過度掩飾的感覺，說話也過於流暢，再加上刻意表現一副若無其事的態度。彷彿是在表示他對小丸子並無特別的情感。想必是在心儀對象的面前，所以言行舉止都變得相當不自然了吧。

甚至是在這之後，小丸子所畫的《理髮店》的畫作，在靜岡縣裡的小型繪畫競賽中得獎，當小丸子在全校師生面前接受表揚時，花輪還送髮飾給小丸子做為慶祝她得獎的賀禮。不過，這個時候的花輪已經恢復成平日那副厚臉皮的做作男形象了。

④
94

但是，花輪的確喜歡小丸子才對。因為除了小丸子之外，沒有其他女孩收過花輪這麼多禮物。

☆圍繞著小丸子的廣大朋友群

小丸子沒有與送她音樂盒的花輪傳出緋聞，卻因為莫名其妙的小事，被人懷疑她與班上的耍寶王濱口（濱崎）之間有曖昧關係。

原因在於，小丸子送給濱口的南國島嶼之旅的伴手禮——胸章上寫有「I LOVE YOU」的字樣。⑧22

看小丸子越慌張地否定，大家就越覺得有趣，還在一旁瞎鬧起鬨。這場鬧劇的開端就是，有人在黑板上畫大大的愛心傘，傘下寫著小丸子與濱口的名字。後來變成寫有「小丸子與濱口陷入熱戀！」的傳單在上課時四處傳閱，甚至還有人開始叫小丸子：「喂！濱崎丸子！」⑧24 補充說明一點，濱崎是濱口的本名，濱口只是他的綽號而已。

小丸子遭受的打擊大到想要轉學的地步，她甚至還忍不住大喊，如果要跟濱口傳緋聞的話，她寧願跟花輪傳緋聞。（果然同樣身為生物股長，共同努力過，所以小丸子也覺得自己跟花輪比較親近。難不成，小⑧29

丸子在無意間曝露了自己的真心話？）正所謂以其人之道，還治其人之身，濱口也不甘示弱地反嗆，如果要跟小丸子傳緋聞的話，倒不如跟穗波（也就是小玉）還比較好。結果，這場緋聞騷動越演越烈，甚至開始出現號外新聞。

不過，別說是謠言傳不過七十五天，班上同學的注意力隔天就轉移到別的話題上，而小丸子與濱口、小丸子與花輪之間的謠言也彷彿濃霧散去般，消失得一乾二淨。

濱口是會逗全班哈哈大笑的開心果。就連小丸子的爸媽也拿這樁緋聞開玩笑，還說將來兩個人結婚的話，就能夠夫妻倆一起表演相聲了。⑧26

小丸子偶爾會與濱口，還有豬太郎、關口一起玩。老實說，這三個人一點都不起眼，不過小丸子班上其實也有帥氣的男孩子。

不管是運動會時擔任隊長與副隊長的大野與杉山，或是足球少年健太都相當有魅力。正如同小丸子也曾經說過，清水市相當盛行足球，甚至連市民都會自豪地說清水市是「日本的巴西」。熱愛足球的少年並不少，小丸子班上的長谷川健太也視足球為最愛，甚至還加入足球社。每⑨39

天追逐著足球直到傍晚；練習頂頭槌、盤球，即使被教練責罵，也只能咬緊牙關、忍住淚水不停地練習。看到懷抱著「我要成為全日本第一的足球選手」的信念而燃燒熱情的健太，一向懶散的小丸子也忍不住受到激勵。

其實，這位足球少年健太，正是目前活躍於清水心跳足球隊的長谷川健太[34]本人。

J聯盟選手名鑑中則記載——

FW長谷川健太
1965年9月25日生
一百七十七公分／七十七公斤
破壞力超群的得分王

如此這般，而在綽號欄則是寫著：

健太。

34　長谷川健太，於1999年引退，現為大阪飛腳足球隊教練。

毫無疑問地，他就是在夕陽西下的操場上，忍住淚水、追逐足球的健太。

三年四班正是由吊兒郎當的濱口，或老是噗~噗~不停的豬太郎，以及足球少年健太、喜歡裝模作樣的花輪等，多彩多姿的角色所組成的班級。然而，足以堪稱這個班級的代表人物的，果然非班長丸尾末雄（另譯末男）莫屬了。

丸尾雖然年紀還小，卻對政治懷抱極大的熱忱，對班長的職位有著異常的執著。

在最早的選舉活動中，丸尾與美環相當順利地被選為班長與副班長，並沒有任何問題。不過，在第三學期的班長選舉期間，丸尾所做的競選活動簡直令人嘆為觀止。回到家之後，他概算了一下得票數，認為「選情告急！」並開始製作海報、發表選前演說，並設立煩惱諮詢箱等事宜，為了要當選火力全開。其他的候選人都被丸尾的氣勢給震懾住，紛紛宣布退出選舉，丸尾與美環就這樣順利地在第三學期繼續擔任班長與副班長。

①
96

遵守選前承諾，每天早上開開心心地打掃教室的丸尾與美環的身影，不由得令人感到詭異，不過這樣的丸尾與美環看起來就像是登對的小情侶呢。

其實美環喜歡花輪。花輪送過小丸子音樂盒，當小丸子說跟花輪傳緋聞比跟濱口傳好多了的時候，美環嫉妒的神情實在相當駭人。

雖然丸尾對政治懷抱著強烈的企圖心，但是比起濫用職權，他卻是一邊立於眾人的頂點，一邊有如公僕般為班級盡心盡力。所以，儘管他被認為是討厭鬼，又沒有什麼朋友，但在班上並沒有想像中那麼格格不入。結果，他以全班的民意為基礎當選班長，姑且不論是好是壞，總而言之，丸尾確實是三年四班的代表人物。

丸尾的弱點就是「如果你要這麼說的話，下次選班長我就不投票給你了」這麼一句話，以及他是超級大音痴，要他在大家面前演唱，會讓他羞愧到想死的地步。原本以為自稱「十全十美」的丸尾是個自戀狂，想不到比想像中更容易害羞。在漫畫附贈頁中，他也因為名字的開頭英文字母縮寫太讓人難為情，而漲紅著臉說他寫不出來。

④14

④115

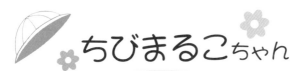

如果丸尾不叫做末雄的話，就不會有那麼令人害羞的姓名縮寫了。

由於丸尾是在12月31日出生，才會被命名為末雄。丸尾呀～既然如此，你當初何不乾脆在媽媽肚子裡悠哉一點呢？如果是元月（正月）出生的話，就會被取為松男或正夫之類的名字，英文縮寫[35]就不會是SM了。

④20

35 丸尾的全名為丸尾末雄（まるお すえお）羅馬發音為MARUO SUEO。

☆小丸子是討厭鬼？

圍繞在小丸子身邊的各形各色人物中，也有讓人完全摸不著頭緒的角色。即使是配角，不管是角色特質或定位，我們都能夠有一定的掌握度。然而，我們卻完全不知道，在遠足的巴士裡，坐在小丸子身旁的男孩子是哪一位。這位長相很像苦悶大叔的男孩，除了在第1集第25頁與第5集第8頁登場之外，就再也沒有登場過。雖然他的長相彷彿幼稚園小朋友畫的、讓人分不清是爸爸還是哥哥的臉部肖像畫，不過他可是帶著「鬼太郎袋」登場，算是極具衝擊性的存在，但我們卻連他的名字都不清楚。

在此供各位做為參考，所謂的鬼太郎袋是從《GeGeGe鬼太郎》命名而來、用來裝暈車嘔吐物的袋子。根據地區不同，也有人稱為「嘔吐袋」，不過小丸子她們都是稱此物為「鬼太郎袋」。

另外，在小丸子開始連載不久就登場的兩名同學，後來也完全沒消息。8月31日，來到剩下一大堆暑假作業沒寫，為此慌亂不已的小丸子家裡，邀請她「一起玩吧」的兩名男女學生。這兩位是早就看穿小丸子的本性，並大方借給她「暑假之友」的令人感激的朋友。

但是，這兩個人再也沒有來小丸子家玩，而且在教室也不見他們的身影。絕對不可能是兩個人同時轉學了，也許是小丸子跟這兩個人吵架，並被對方宣布絕交了吧。

會有此一說，也是因為小丸子似乎有被人視為討厭鬼的嫌疑。

小丸子曾經與班上的男生們對立，而這件事的導火線就是小丸子向老師打小報告。

當時，小孩之間流行起假面騎士，同時市面上也有販售名為騎士點心的零食。班上的男生們因為想蒐集隨零食附贈的假面騎士卡片而購買零食，但只拿走卡片之後就把零食丟棄。

目擊到這個行為的小丸子，在「放學前的班會」時，報告老師。

這種行徑確實相當暴殄天物。雖然曝露出日本飽食時代的負面現象，但是「打小報告」這種行為也無法讓人信服。儘管一般都是被打小

①16

報告的人不對，而打小報告的人的論點是正確的，根本沒有做錯任何事，只是這樣反而容易引發不愉快。也許會被視為「自以為是正義使者啊」。

無論是從小丸子的血型（A型）或星座（金牛座）看來，她都擁有注重形式、不懂變通固執的一面。因此，才會讓人擔心，她該不會被朋友討厭了吧？

話說回來，將「暑假之友」的作業借給小丸子的朋友，其中的女孩子戴著粗框眼鏡、穿著貓咪圖案的T恤，頭頂上還綁了個蝴蝶結，是個相當顯眼的女孩子。因此，如果有誰發現她的身影，或知道任何關於她的消息，還請聯絡我們。

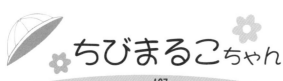

第8章

小丸子的倒楣事蹟

ちびまるこちゃん

☆倒楣的少女——小丸子

小丸子身邊總是圍繞著許多充滿個性的同學，看似相當享受愉快的校園生活，其實她也遭遇過不少倒楣的事。

首先，才剛升上三年級便立刻受挫的，就是成為生物股長一事。小丸子想要輕鬆不費力的職務，所以才選擇生物股長。但是，搭檔花輪卻說班上沒有飼養任何生物，還在全班面前提議去抓青蛙或是淡水龍蝦來養。這個結果大大地違背了小丸子原本的盤算，簡直令她怒不可言。

更別提，隔天班上根本沒有人理睬，兩人經過一番苦戰纏鬥才捕到的青蛙與龍蝦，卻因為有個親切的同學，想說既然要在班上養動物，就帶了金絲雀來。結果，所有的話題與注意力都集中在金絲雀上。「一切的辛苦都化為泡沫」，想必正好可以用來表達小丸子的所作所為吧。

再加上，金絲雀的飼育方式相當複雜，新上任的生物股長能力遭到質疑，就連碰一下也不行。

① 105

小丸子與花輪的工作，其實就是更換青蛙的水與餵飼料。而所謂的餵飼料，就是得活捉青蛙最愛的蒼蠅給牠們吃。

不僅如此，因為他們當初也帶了青蛙蛋回來，飼養五個月之後，那些青蛙蛋長成數十隻青蛙，到處跳來跳去。

小丸子陷入的局面，與她原先描繪的輕鬆藍圖完全相反。

而第二件倒楣事，是由於小丸子對「吃」有著強烈執著的緣故，因此遭受的打擊也特別大。

5月12日遠足的那一天，小丸子對花輪送的松露巧克力的美味感到陶醉不已。這個從來沒有吃過的好吃巧克力，立刻擄獲了小丸子的芳心，於是她拜託花輪再給一顆。小丸子死纏爛打地拜託花輪，最後以幫忙花輪揹相機與水壺為條件，換來兩顆松露巧克力。

習慣把好東西留在最後才吃的小丸子，將巧克力放進口袋裡，準備回家後再細細品嚐法國風味。沒想到這正是她倒楣的開始。

回到家後的小丸子在洗澡時，媽媽忙著收拾她脫在地上的衣褲，以為從口袋掉出來的巧克力是小丸子常買的一般的巧克力，拿起來就放進

⑤19

嘴裡。巧克力瞬間在嘴巴裡擴散開來的美味也令媽媽忍不住感到陶醉，還一邊說「最近的零食做的還真是好吃呢！」一邊推薦爸爸也吃一顆。

這時泡在浴缸裡的小丸子，滿腦子想的盡是洗好澡要來享用法國松露巧克力的美妙滋味與香味。她應該做夢也沒有想到，她白天揮汗如雨地辛勤工作才換來的松露巧克力，已經換來爸媽滿足的讚賞了。

小丸子的松露巧克力已經被吃掉了。洗完澡出來的小丸子，會發出多麼驚人的尖叫聲，應該不難想像。

話說好歹也應該用她擅長的吃法，從花輪那裡得到巧克力時，就先吃掉其中一顆吧！

⑤
20

☆既沒有買到棉花糖，也沒有玩到釣水球的七夕祭典

如果要年幼的孩子去游泳池玩回來之後，試著用紙筆畫出來，有人會一開始就先畫出水花或泳圈，也有人會一開始就乖乖地畫出長方形的泳池。

若一開始不先畫好游泳池的外框，就沒辦法畫在泳池內玩的各種活動，展現出如此憨直個性的，似乎大部分都是A型的小孩。

小丸子也是A型，原本愉快的七夕祭典會化為幻影想必也是因為這個緣故吧。

商店街（或公園？）會在七月五、六、七日三天，舉辦七夕祭典。爺爺約小丸子一起去逛祭典，小丸子卻沒有去。那一天是六日，小丸子認為七夕必須在七月七日慶祝才行，所以拒絕了爺爺的邀約。⑥44

當小丸子去小玉家拿用來裝飾七夕的矮竹時，約她一起去，小玉說她昨天已經去過了，玩得不亦樂乎。⑥50

小丸子從小玉家回來後，即使爺爺再問一次：「妳真的不去嗎？」小丸子仍然不改初衷地回說：「既然是日本人，就應該七日的傍晚再去參加七夕祭典。」

於是，只有姊姊換上浴衣跟爺爺一起去逛七夕祭典，爺爺還買了氣球與棉花糖給姊姊。小丸子看著一臉興奮地說著在祭典上玩撈金魚的姊姊，默默地將所有的一切都賭在明天——七月七日。

然而，隔天從一大早就開始下雨，而且雨勢還有越來越大的趨勢，傍晚時甚至下起大雨。

原本想貫徹日本人精神的小丸子，沒辦法像小玉或姊姊那樣大玩撈金魚或釣水球，小丸子的七夕就在沒有買到洋娃娃、氣球、棉花糖或任何一樣玩具的情況下落幕。

順帶一提，小丸子是五月八日生的金牛座。金牛座的缺點就是過於固執，不知變通，所以不管是從血型或星座看來，小丸子都是個不折不扣的憨直個性。

☆沒能展現出最完美一面的家長觀摩日

當陰沉少年永澤一臉落寞地說家裡沒有人會來觀摩時，小丸子她們則是硬生生地吞下「你的成績這麼差，家長不來反而是件好事吧……」的心聲。其實，小丸子也沒有通知家人關於家長觀摩日的事，並因為隱瞞這件事遭到媽媽責罵。加上她還說就算媽媽來參觀也只會留下悲慘的回憶，所以小丸子似乎也沒有資格對永澤的成績指手劃腳。⑥102

至少在小丸子不拿手的數學上，小丸子與永澤是半斤八兩。寫在黑板上的問題，她其實每一題都不會寫，卻為了虛榮心而舉手，萬萬想不到她竟然被老師點到。這次的出糗，實在是讓她一輩子都抬不起頭的奇恥大辱。

補充一點，由於班上的耍寶王濱口在回答不出問題時，搞笑地說：「沒差啦、沒差啦！」意外大受歡迎，於是小丸子也模仿起他，搞笑地說：「沒差啦、沒差啦！」結果班上瞬間陷入一片死寂之中。

⑥117 ⑥119

小丸子因此完全不敢看向媽媽，但其實媽媽更是一刻都待不下去。氣到面紅耳赤……如同這句話般，媽媽漲紅著臉逃跑似地前往姊姊的教室觀摩。

沒想到，接下來竟然有無比幸運的好事等著小丸子。小丸子之前畫的《理髮店》在縣內的小型繪畫競賽中得獎。老師在許多家長的見證下，發表這個好消息並且頒發獎品給小丸子。

只不過，小丸子的媽媽並沒有看到小丸子挽回名譽的風光場面。

連續被媽媽目擊到一大堆糗事，卻沒有被看到最好的一刻，小丸子實在是倒楣到了極點呀！

⑥
121

☆為什麼？明明這麼努力卻得不到獎狀

第三學期開學不久後，小丸子的學校就舉辦馬拉松大會（根據故事內容判斷，應該是在二月時舉辦的）。

小丸子的腳程很快，因此媽媽滿心期待地說：「跑前十名拿個獎狀回家吧！」但其實小丸子最討厭馬拉松了。討厭到甚至想佯裝生病，不去參加馬拉松大會比賽。

即使如此，當天在「預備——起！」的號令之下開始奔跑後，小丸子也情不自禁地使出全力奔跑，途中受到小玉的媽媽大喊「小丸子，振作呀」的聲音給激勵，正當她心想「好累，實在跑不動了」的時候，用來當做標誌的面具招牌躍入她的眼簾。當小丸子的腦海浮現「啊，終點就在不遠處了」的時候，傳來班導戶川老師說：

「櫻同學，再超越一個人，就擠進前十名了。」

被這道聲音所鼓舞，小丸子使出所有的力氣做最後衝刺，果然不負

①
91

眾望，漂亮地得到第十名。①92

跑完全程之後，奔跑時的痛苦彷彿都煙消雲散，現在的她只覺得心情暢快至極。小丸子感受到，只有拚命奔跑的人才能體會的滿足感與幸福感。

接下來，等著小丸子回到家的是屬於小丸子的女兒節人偶。小丸子家原本只有一組女兒節人偶，而小丸子一直認為那是身為長女的姊姊所有。馬拉松大會當天，對於媽媽用來激勵小丸子的「今天跑完就要過女兒節嘍」這句話，小丸子則是一臉落寞地說完「反正女兒節人偶又不是我的」就出門了。①88

也許是媽媽用來獎賞小丸子的努力吧。美麗的女兒節人偶，在家裡迎接著成功拿到第十名的小丸子歸來。

小丸子心情亢奮地說，如果能夠拿到獎狀的話，就可以展現給她的女兒節人偶看了。截至目前為止，小丸子簡直是幸福到了極點。

然而，令人措手不及的是，獎狀改成只頒發到第七名為止。理由是石油危機造成紙張不足，為了節約用紙，所以變成一到六年級，每個年

級的第八到第十名的人都沒有獎狀可拿。

這是為什麼？小丸子明明那麼努力地跑馬拉松耶！全校只節省區區十八張紙，到底有什麼意義呢？

然而，面對如此巨大的社會高牆時，小丸子的怒吼聲也只能空虛地被反彈回來。

畢竟，昭和四十八年（１９７３）十一月時，全國曾經傳出衛生紙即將缺貨的謠言，造成超級市場在開門前即大排長龍，衛生紙也在營業後數小時內就被搶購一空的超級大騷動。

加油站也全面休業，而東京與大阪還決定實施日本國有鐵路的電車（現今的ＪＲ）白天不開暖氣的措施。面對令全日本陷入一片瘋狂狀態的石油危機，小丸子「頒給我第十名的獎狀吧」的吶喊聲，輕易地遭到淹沒也沒有什麼好訝異的。

別說是沒辦法得到獎狀，小丸子在這之後還感冒臥病在床，頭上戴的不是榮耀的桂冠而是冰袋，還一邊痛苦地呻吟。

①
94

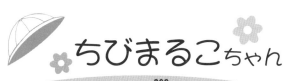

☆失去77%壓歲錢的倒楣小丸子

無論是生物股長、七夕祭典或是在家長觀摩日所犯下的錯誤，都可以說是小丸子特別的倒楣經驗。不過，小丸子也會面臨全國大部分的兒童都會遇到的倒楣事。

對於每天零用錢只有日幣三十圓的小丸子而言，新年是大賺一筆的好時機。這一點當然就是指「壓歲錢」。

小丸子每天都會笑瞇瞇地數手中的二十六張鈔票，但那副模樣遭到爸媽目擊，因而被媽媽抽走兩萬圓。

不管是哪裡的家長說詞都一樣——「小孩子不可以拿這麼多錢」。還會用一副與其說是說服小孩，更像是在說服自己的態度，說自己絕對不是要私吞小孩的錢，而是「拿去存起來」。更會一臉得意地指著存摺上的數字，說這是「有什麼特殊情況」或「為了你的將來」而存的基金。

①73

小丸子也被媽媽用這一招拿走壓歲錢，不過，根據小丸子日後所述，她並不記得當時的壓歲錢對她有任何實質的幫助。

結果，小丸子只拿到六千圓的壓歲錢。但是，小丸子竟然在去吃法國料理時，把六千圓中的五千圓拿了出來。正因為有小丸子為了以防萬一才帶來的五千圓，櫻家人才能夠點餐廳最便宜的套餐（只不過最後還是不夠付消費稅）。

⑤
83

對櫻家而言，小丸子判斷去吃法國料理正是媽媽所說的「有什麼特殊情況」時，看來確實**相當準確**！而她還將自己帶來的五千圓全數拿出來應急。雖然小丸子之前不願意乖乖交出壓歲錢而被媽媽念說是「貪心鬼」，但其實她是個相當有度量、相當了不起的小孩。

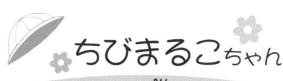

第9章

《櫻桃小丸子》的
九大不可思議事件

ちびまるこちゃん

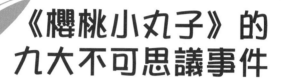

☆小丸子是何時換班級的？

如果說小丸子就讀三年三班的話，想必小丸子的粉絲們會回說：

「不是吧，明明就是四班吧。」

因為進行早會的場景，明明畫有「3－4」的班牌；花輪上電視的那一篇故事中，在班上討論起這個話題的場景，也畫有「3－4」的班牌；連營養午餐的場景也是「3－4」，在電影原作的《櫻桃小丸子——大野與杉山》中也是「3－4」。最明確的線索是，丸尾毛遂自薦當班長時——曾經大聲呼籲「三年四班的各位同學」，海報上也有清楚寫明。再加上番外篇的〈小丸子的同學會〉中，「同學會通知單」也確實寫著「三年四班」。

不過，小丸子首次登場的那一天，當她抱著許多教材與道具衝出教室的最初場景，也確實寫著「3－3」。

應該不可能是帶到隔壁班的畫面吧。加上家庭訪問的通知單上也是

⑤64　⑤100　⑧136　映35　③68 69　映164　①4　②4

寫著：「三年三班，班導師：戶川」

如此這般。

家庭訪問是在五月九日。

在這之後，小丸子他們的班級在不知不覺間，從三年三班被換到四班去了。

雖然有所謂的「換座位」，但從來沒聽過這種「換班級」的方式。（映4）

實在是謎團重重呀。

而《櫻桃小丸子》中，也存在著其他類似的謎團與矛盾。

如以下章節舉例——

☆明明是短髮，為什麼能夠綁丸子頭？

小丸子的盛裝打扮就是穿上連身洋裝。平常總是穿褲子或吊帶裙的小丸子，也會在去聽百惠的演唱會，或被招待到花輪家玩時，改穿連身洋裝。

當全家人一起去高級餐廳吃法國料理時，小丸子所穿的是胸前有波浪褶邊與蝴蝶結，設計相當可愛的連身洋裝。

而提到盛裝時的髮型，小丸子平常是長度只及耳朵下方的妹妹頭，但是為了特別活動而出門時，竟然被綁成左右各一顆圓圓的可愛丸子頭，偶爾會繫上蝴蝶結，或是用有珍珠般圓球的髮飾裝飾一番。

老實說，本研究會覺得小丸子不適合丸子頭，並且認為像單行本第8集的封面圖般，只戴上蝴蝶結的小丸子反而可愛多了。

最重要的是，小丸子的頭髮長度應該沒辦法綁成丸子頭才對。

在第10集的〈小丸子喜歡盆栽〉篇的扉頁圖，坐在烏龜上的小丸

⑦117　⑧72　⑤51　⑤81　⑦117

子，頭頂上只有綁小小的沖天炮。她應該只能像這樣子綁成沖天炮，無法綁成丸子頭才對。

不過，小丸子似乎相當中意丸子頭造型，每每遇上正式場合，就會拜託媽媽「幫我綁丸子頭」。

想必媽媽為了把小丸子的短髮綁成丸子頭，也耗費不少心力吧。

☆媽媽為什麼改變心意了？

雖然討厭遠足，但小丸子最喜歡遠足的行前準備——尤其是為了食物，忙碌地四處張羅。

媽媽說零食只要控制在二百圓的預算內，想買什麼都可以。雖然隨便她想要什麼都可以，但是提到便當的話，只能拜託媽媽準備。於是，小丸子便拜託媽媽準備在她心目中最愛食物排行榜第一名寶座的漢堡排與炸蝦。①26

小丸子纏著在廚房忙進忙出的媽媽。①31 姊姊要求媽媽將小香腸做成章魚造型，還要煎蛋捲，小丸子則拜託媽媽幫她準備白煮蛋，以及螃蟹造型的小香腸。媽媽看起來相當忙碌，但仍一臉開心地回答：「好好好，我知道。」

非常遺憾的是，遠足當天因下雨延期，小丸子過了不久才終於正式迎接遠足的到來。

起床之後，看到桌上放著飯糰的小丸子忍不住大叫。因為小丸子是拜託媽媽做比飯糰豪華多了的三明治。話說回來，漢堡排與炸蝦怎麼了?難道說，小丸子覺得三明治比她最愛的漢堡排與炸蝦更棒嗎？ ⑤6

隱約感覺得出來，或許是因為櫻家不允許這麼奢侈吧。不只花時間，而且媽媽看起來也不像是做了飯糰又做漢堡排與炸蝦的感覺。

不過，上一次遠足前，媽媽確實是在製作漢堡排沒有錯。媽媽的雙手在大碗中揉來揉去的，想必是在揉絞肉與洋蔥丁吧。 ①31

而這樣的媽媽為什麼會改變心意，突然做起飯糰呢？難道是因為去爬山就是要配飯糰的想法，讓她改變心意的嗎？

媽媽的心思實在令人難以捉摸呀。

☆突然出現防蟲噴霧的不可思議事件

暑假時，小丸子在完全沒有預料到的情形下，去了南國島嶼旅行。爺爺在中元節大特賣的抽獎活動中，抽到了頭獎的南國島嶼之旅，但是，全家人都正巧有事不能參加。

於是，小丸子說出「那我去」這麼一句話。不過，國小三年級的小女生，能夠在沒有監護人的情況下獨自一人參加這類活動嗎？

想必是旅行社的人肩負起監護人一職吧。畢竟同團的參加者裡，看起來並沒有小丸子認識的商店街的人。

更別提，光是讓小丸子獨自一個人去只距離二十分鐘車程的靜岡外公、外婆家，就會擔心得不得了的媽媽，竟然能夠放心讓小丸子獨自一個人去國外旅行。

幸好小丸子順利地抵達南國島嶼。

小丸子在島上與一名叫做普莎蒂的同齡女生變成好朋友，共同度過

⑥
68

一段快樂的美好時光。

兩人一起進入洞窟中探險，跳進洞窟裡的河中。雖然普莎蒂看起來相當自在，不過小丸子是第一次體驗這種活動。小丸子被河流沖走，不僅在河裡載沉載浮，還整個人沉了下去。最後好不容易浮出水面，大口大口地呼吸起來。接著，小丸子還在抵達出口、來到沙灘後，替普莎蒂噴防蟲噴霧。⑥89

小丸子似乎對蟲相當敏感，在進入洞窟前也替普莎蒂噴過防蟲噴霧，但她在中途被河流沖走，還差一點溺水，卻沒有弄丟那瓶噴霧，一直好好地帶在身上。這一點實在令人匪夷所思。⑥86

順帶一提，當小丸子在河裡載沉載浮時，兩隻手都沒有拿著噴霧，卻在踏上沙灘的瞬間生出噴霧來，簡直就是魔術師再世。⑥88

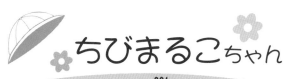

☆繪畫得獎的確切日期到底是何時？

小丸子有個喜歡鑑賞盆栽，不符合小學生年紀的高雅興趣，但也有「塗鴉」這種相當孩子氣的興趣。

但是，我們一路陪伴著小丸子從第1集到第10集，卻不曾目擊到小丸子塗鴉的場景。

既沒有在水泥牆上畫下大大的惡作劇塗鴉，也沒有隨手在筆記本或教科書上畫漫畫的場面。

小丸子到底是在何時、何處進行塗鴉的興趣呢？

話說回來，小丸子所畫的《理髮店》一圖得到縣內的小型繪畫競賽的獎項。

那是一張由一名男子躺在與其說是平躺的理髮店椅子，更像是醫院病床的長臺上，以及背對畫面，右手拿著剪刀、左手拿著剃刀的理髮店大叔，所構成的畫。作者櫻桃子本人也曾經說過，這樣的畫竟然能夠得

⑤扉頁

獎，可見得那個繪畫競賽的水平等級並不高。不過，也因為這則小故事才讓小丸子的興趣是塗鴉一事，更具有說服力。

小丸子在縣內的小型繪畫競賽中得獎的消息，於家長觀摩日當天公布，同時在同班同學與眾多家長的鼓掌聲中，獲頒比賽的紀念品，並在之後的全校集會時，由校長親自頒發獎狀。

一般來說，應該會同時頒發獎狀與獎品才對。不知道為什麼小丸子的學校採取分開頒獎的程序，實在讓人覺得不可思議。然而，更加不可思議的是，家長參觀日當天的小丸子穿的是正好符合秋冬季節的長袖和褲子，卻在之後（隔天或是數天之後）於全校集會時，又換上短袖配短裙的夏季服裝。當然其他角色也跟小丸子同樣身穿夏裝。

光是只差一、兩天，便從冬裝換成夏裝，這令人驚訝的異常，應該是作者疏忽了吧。

為什麼會出現如此矛盾的情節呢？

其實，〈令人憂鬱的家長觀摩日〉篇是刊登於1989年10月號，而〈小丸子得到獎狀篇〉是前一年的1988年9月號的連載內容。

⑥ 120

④ 84

換句話說，故事的順序是先在家長觀摩日發表消息，接著才在全校學生面前獲頒獎狀，但刊登順序與故事內容卻相反。

因為全校集會的頒獎儀式是刊登於9月號，大概是第二學期開始不久後，因此設定為穿著夏裝。而家長觀摩日則是刊登於10月號，想必是作者判斷學校已經換季，才會讓小丸子等人穿上長袖吧。

家長觀摩日到底是在何時舉行、小丸子又是在何年何月獲頒獎狀的，這是身為小丸子的粉絲，無論如何都想知道的答案。

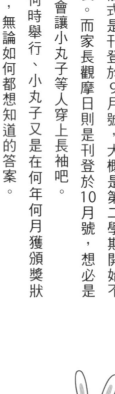

☆ 店名是用公休日來命名的嗎？

小丸子得知自己畫的《理髮店》一圖，在靜岡縣內的小型繪畫競賽得獎時，便立刻跑去找理髮店大叔向對方致謝。「叔叔，謝謝你之前讓我在這裡畫畫」——如此這般，一反平常的生活態度（大部分的時候都是懶散又不負責任的模樣），但小丸子其實是個很有禮貌的小孩。

話說回來，這間理髮店名為「Monday」，每星期一是公休日。在第4集第83頁小丸子的圖畫中，明白地寫著「每星期一公休」，所以絕對不會錯。

不過，有商家會用公休日來命名嗎？

把店名取成「Monday」的話，通常應該會將星期一定為特賣日，或是限定當天送贈品之類，做為吸引顧客上門的攬客技巧才對吧。

還是說，老闆這麼做是為了讓顧客清楚地知道「Monday」會在Monday公休呢？

本研究會對於「理髮店 Monday」為每星期一公休一事，實在百思不得其解。

☆語言天才花輪在學習前就會說了？

花輪被設定為外表時髦，喜歡裝模作樣的角色，但是一開始登場時，花輪根本就是個自認為「我是鄉下貓王」、看起來裝模作樣又平凡的人，而不是頭腦聰明的做作男。

說話時喜歡稱小丸子為「妳」或「寶貝」，並自稱為「我」，但他 ①103
絕對不會說「Me」。連花輪綁在脖子上的絲巾，簡直就像是日活[36]製的 ①99 103
動作片《小拳王》與《渡鳥系列——瀧伸次》的男主角般平凡到極點。

然而如此的鄉下男孩竟搖身一變，成為說著「Bonjour（你好）」 ③16
的巴黎男孩。在這之後，花輪的做作程度則更加的嚴重。

不過，比起突然從日活電影的男主角變成巴黎男孩的謎團，更讓人感到不可思議的是花輪在語言方面的天賦。

我們能夠從前面提過的，花輪用「Bonjour（你好）」向小丸子等

36　1912年創立的日本活動寫真株式會社，簡稱日活，現為日本五大電影公司之一。

ちびまるこちゃん

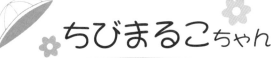

人打招呼後，又說「不好意思，因為我最近也在學法文」的這句話推測出，花輪是在同學們流行騎腳踏車的時期，也就是第二學期的後半段、秋意已深的時節，開始學習法文的。當時，小丸子等人都是穿著長袖，再加上〈小丸子學騎腳踏車〉篇（第3集第16話）是刊登於１９８７年11月號。

請各位注意花輪在這個時候所說的話，他是說「也」在學法文。沒有錯，花輪在第二學期開學不久後——

「我現在正在學英文會話。」曾經對小丸子這麼說（這是〈小丸子 ②77
買鬧鐘〉篇的其中一格，刊登於１９８７年9月號）。

深究花輪的臺詞之後，便能夠知道他是在暑假時開始學習英文會話，並在秋天開始學法文。

然後，當小丸子等人流行起交筆友的時候，花輪則是自豪地說自己
的筆友是法國女生。當時的時空背景似乎與流行腳踏車幾乎重疊。⑦14
〈小丸子開始交筆友〉篇（第7集第38話）是刊登於１９８９年11月號，小丸子等人穿著長袖，再加上《櫻桃小丸子》也差不多連載了兩

年的關係，所以季節也同樣是秋天。

換句話說，花輪學法文一個月左右，就已經熟練到能夠與法國女生通信的程度。

當然，比法文更早開始學習的英文會話，也是可以很流利說出口的程度。寒假時，有個名為馬克的美國少年來花輪家玩，花輪與馬克相當熟稔，彼此似乎也是以英文交談（〈花輪豪宅終於大公開〉篇刊登於1991年2月號）。

⑧ 83

如果花輪從暑假開始學英文會話的推測正確，即意味著花輪只花四、五個月，就已進步到能夠與美國人流利對話了。

不過，畢竟他是把據說很難學的法文，也能夠在不到兩個月的時間內就達到與人通信程度的花輪，所以英文這麼厲害也是理所當然的吧。

雖然接下來要說的，只會突顯本研究會的無能，但令人覺得「奇怪」、不禁想雞蛋裡挑骨頭的詭異事情是，花輪以一口流利的英文與外國人對話，並教小丸子等人英文會話，似乎是發生在放暑假前的事情。

小丸子等人是穿著短袖的夏季服裝。加上〈小丸子向花輪學習英文會話〉篇是刊登於１９９１年的６月號，所以時空背景應該是放暑假前才對。

假設是在第二學期開始沒多久的話，那麼花輪就是在說完「我現在在學英文」後，只經過一、兩星期的時間，就具備能夠與外國人對話的外語能力。

語言天才！花輪根本就是「還沒學就先會說」了吧。

所謂的天才總是全身上下都是謎呀。

☆小丸子家電話的話筒線能夠自在地左右切換

小丸子家的電話是在第1集的〈小丸子跨年〉篇首次登場。
看起來像是走廊的地方，擺有一個類似三層櫃的矮臺，電話就是放 ①63
在那上面。

就是這麼普通的電話，卻讓人隱隱覺得「有哪裡不對勁耶！」如果面對電話，可以看到話筒線是牽在右側[37]，才剛讓人心想「咦？」而感到困惑時，便發現在接下來的〈小丸子還沉浸在過年氣氛中〉篇裡，電 ①75
話櫃變成有兩層抽屜的矮臺。當本研究會抱持著「才剛過新年就買了新的電話櫃嗎？」的懷疑之中，翻到下一頁，話筒線就變到左側去了。

小丸子家的話筒線就像這樣子忽左忽右，相當頻繁地變換位置。

第9集第92頁的話筒線是在右側，第93頁則變成在左側，以跨頁來看的話，簡直就是變換自如呀！

37 轉盤電話在正常的情況下，面對著電話時，話筒線牽在左邊。

這種情況，到第10集又更加驚人了。右邊格子的話筒線是在右側，左邊格子的是在左側，講完電話又變回右側。而此時的電話櫃是上層放電話簿，下層有門的款式，也就是一般常見的電話櫃。⑩33

不過，在第4集的第72頁裡有清楚地畫出，面對電話時話筒線是牽在左邊的電話。看到這裡不禁讓人鬆了一口氣，啊啊～小丸子家的電話果然是一般的電話。

☆ 小丸子家後方的建築物會變形？

小丸子家無論是左後方或右後方都有建築物。

當夜晚來臨或隔天清晨的到來、小丸子放學回家、吃晚餐的時間來臨，諸如此類的場景，就常透過描繪小丸子家的外觀，表示時間的經過或場景的變更。舉例來說像第3集，典型的範例就是第64頁與第89頁等的畫面。

而仔細觀察這集第64頁與第89頁後面的建築物，即可發現建築物的外觀長得不一樣。如果比較第8集第13頁與第48頁的畫面，便能夠更清楚地看出兩者的不同。

小丸子家左後方的建築物初次登場是在第1集第8頁，只是一棟普通的方形建築，附有頂樓。也就是圖A[38]的形狀。右後方的建築物則是在第1集第31頁，首次被畫出來。

38 P234的圖形A～K為示意圖，並非實際描繪於漫畫中的圖示，僅供參考。

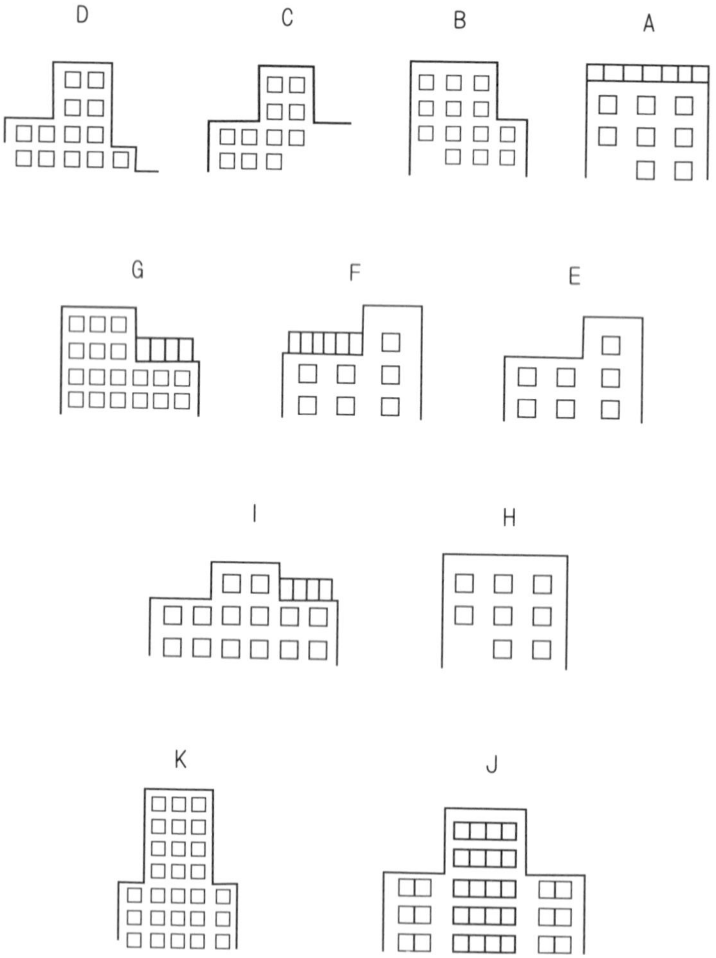
D
C
B
A
G
F
E
I
H
K
J

這個用來當做背景的建築物，彷彿魔術般一下子消失不見，一下子又變化形狀。那麼，建築物到底變形到什麼地步，就讓我們針對畫面左後方的建築物試著來進行驗證吧。

第1集中，小丸子家外觀出現七次，其中四次有畫到左後方的建築物。全部都是圖A的形狀。

在第2集中，小丸子家外觀全景只有出現四次。除去只有剪影的畫面，有被確實畫出外觀的左後方建築物，果然也都是圖A的形狀。

來到第3集之後，小丸子家外觀全景約出現十三次。伴隨著次數增加的同時，建築物的形狀也產生各式各樣的變化，光是主要的形狀就有A～D，共四種。假如建築物的形狀相同的話，至少能夠忽視窗戶數量的差異，或將窗戶一律視為相同形狀，但仍然能夠以頂樓是否有柵欄區分出不同。

第4集甚至出現十七次，第5集與第6集則分別為八次與七次，相較之下少很多。

第7集一口氣增加至三十四次，第8集則是二十七次。第8集的建築物外型為A與E~I，共六種。F則是在第7集的第127頁中首次登場。

進入第9集之後，登場大約三十三次的小丸子家後方的建築物，盡是前面出現過的A、B、E與F。窗戶一下子變成長方形，一下子是數量明顯被省略而減少許多等，畫得越來越簡單。其中最經典的就是J了吧。窗戶甚至不是一扇一扇畫上去的。

另外，第9集相當與眾不同地，畫出小丸子家正面玄關望過去的情景，而非房子側面外觀。不過，這時候的建築物也是被畫成K的形狀。話說回來，方位不同還能看到相同的建築物，這又是什麼邏輯呢？

在第10集中，大概能算出小丸子家外觀出現二十七次，但與其說是全景，大部分的場景都只有畫屋頂而已。畫出屋頂與上方的天空，藉此讓人明白是白天還是黑夜，也就是所謂的場景轉換。到這個時候，作者已經會透過熟練的手法呈現故事的時間經過，從這裡也能夠感受到已經連載六年的經歷。如此這般，小丸子家後方的建築物經常改變形狀。這到底是為什麼呢？

另外，也存在著根據看過去的角度不同根數也會不同，而被稱為「妖怪煙囪」的煙囪。小丸子家後方的建築物外形，簡直有趣極了。

ちびまるこちゃん

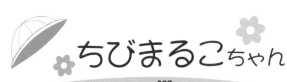

☆後記

感謝您看完《櫻桃小丸子最終研究》一書。

我們「品川小丸子研究會」是小丸子的超級大粉絲。也許是因為從本研究會所在的品川一直沿著東海道前進，就能夠抵達清水所產生的親切感也不一定。總而言之，我們非常喜歡小丸子。本書就是為了明白為何自己會如此喜歡小丸子，而試著探究小丸子迷人魅力的著作。

如果看完這本《櫻桃小丸子最終研究》的讀者，能夠比以往更加喜愛小丸子的話，站在我們「品川小丸子研究會」的立場而言，實在是令人再開心不過了。

品川小丸子研究會

各位小丸子迷
咱們下回見！

ちびまるこちゃん

國家圖書館出版品預行編目(CIP)資料

櫻桃小丸子最終研究 / 品川小丸子研究會編著；林宜錚翻譯 . -- 初版 . -- 新北市：繪虹企業，2016.10
面； 公分 . -- (COMIX 愛動漫；18)
譯自：『ちびまる子ちゃん』の秘密
ISBN 978-986-93678-0-6(平裝)

1. 漫畫 2. 讀物研究
947.41 105017367

COMIX 愛動漫 018

櫻桃小丸子最終研究

櫻桃小丸子的不可思議事件大揭密

編　　著／品川小丸子研究會（品川ちびまる子ちゃん研究会）
翻　　譯／林宜錚
編　　輯／薛慧筠
特約編輯／李莉君、陳琬綾
設計排版／李莉君
出版企劃／大風文化
行銷發行／繪虹企業股份有限公司
發 行 人／張英利
電　　話／(02)2218-0701
傳　　真／(02)2218-0704
E-Mail ／rphsale@gmail.com
Facebook ／大風文化
https://www.facebook.com/rainbow.whirlwind/
地　　址／台灣新北市 231 新店區中正路 499 號 4 樓

香港地區總經銷 / 豐達出版發行有限公司
電話 / (852) 2172-6533
傳真 / (852) 2172-4355
地址 / 香港柴灣永泰道 70 號 柴灣工業城 2 期 1805 室

初版三刷／ 2018 年 9 月
定　　價／新台幣 250 元